七彩课程
美丽人生

北京市海淀区七一小学课程建设的"知与行"

张建芬◎主编

现代教育出版社

Modern Education Press

图书在版编目（CIP）数据

七彩课程 美丽人生：北京市海淀区七一小学课程建

设的"知与行"/ 张建芬主编 . —北京：现代教育出

版社，2019.1

ISBN 978-7-5106-7031-2

Ⅰ . ①七… Ⅱ . ①张… Ⅲ . ①小学—课程建设—教学

研究—海淀区 Ⅳ . ① G622.3

中国版本图书馆 CIP 数据核字（2019）第 004311 号

七彩课程 美丽人生：北京市海淀区七一小学课程建设的"知与行"

主 编 张建芬

责任编辑：刘兰兰 曾亭元

装帧设计：中尚图

出版发行：现代教育出版社

地 址：北京市朝阳区安华里 504 号 E 座

邮政编码：100011

电 话：（010）64251036（编辑部） 64256130（发行部）

印 刷：河北盛世彩捷印刷有限公司

开 本：710mm×1000mm 1/16

印 张：12.5

字 数：178 千字

版 次：2019 年 2 月第 1 版

印 次：2019 年 2 月第 1 次印刷

书 号：ISBN 978-7-5106-7031-2

定 价：49.80 元

　　教育是民族振兴和社会进步的基石。美丽中国需要美丽的教育，而人民满意的教育就是美丽教育的出发点和落脚点，是美丽教育乃至美丽中国的基石，也是我们每一个教育工作者的责任和使命。建设"七彩课程"为学生奠基"美丽人生"是每个"七一人"的责任与使命。新时代的"七一人"正通过一系列的课程改革与创新，实践着"课程改变，学校才会改变；课程优质，学生才会优质；课程创新，学生才会创新，课程进步，教师才会进步；课程高效，教育才会高效"的美丽教育梦。

CONTENTS
目 录

序

引子：美丽少年 七彩梦想

第一章 学校课程一体化设计 ……………………………… 001
    一、课程研究背景 ………………………………………… 001
    二、课程设计思路 ………………………………………… 003
    三、课程推进方式 ………………………………………… 008
    四、课程评价设计 ………………………………………… 010
    五、课程过程管理 ………………………………………… 011
    六、课程实施效果 ………………………………………… 012
    七、课程建设特色 ………………………………………… 016

第二章 从"课程改革"走向"课堂革命" ……………… 019
    一、创新"教学方式" ……………………………………… 019
    二、素描"七一课堂" ……………………………………… 034

第三章 从"打造特色"走向"创生文化" ……………… 056
    一、走向"深蓝"的"三海"课程 ………………………… 056
    二、走向世界的"国际理解"课程 ……………………… 124

第四章　从"分科课程"走向"课程统整" …………………… 139
　　一、主题式整合课的研究与探索 …………………… 139
　　二、综合实践活动的研究与探索 …………………… 157

第五章　从"关注课程"走向"关注学生" …………………… 164
　　一、小幼衔接课程 …………………… 164
　　二、小初衔接课程 …………………… 171

后　记：课程"甲板"有多宽　孩子人生就有多美………… 183

序

当人类社会步入第二十一个百年之际，中国教育开始了一场前所未有的大变革。这场变革对于每位教育工作者而言，不仅是一次先进教育方式的变革，更是一场深刻的教育思想的变革。这一变革悄悄地改变着我们的学校，改变着我们的教师，改变着我们的学生，从"统一""封闭"走向"多元""开放"，几十万所中小学校接受了一次课程的"洗礼"。这一变革被我们称为"课程改革"。

北京市海淀区"七一小学"也同样经历了这一"洗礼"，他们从学校的实际情况出发，依据学生的需要，通过国家课程、地方课程与校本课程三者的有机融合和统一，以及国家课程、地方课程与校本课程的创造性实施，提出了"七彩课程体系"的建设构想，将学校的课程设置从内容上分为了七个板块：红色的语言文字、橙色的科技探索、黄色的公益责任、绿色的身心健康、青色的情趣艺术、蓝色的海军海洋、紫色的国际理解。"七彩课程"每一个领域的课程形式又分为必修课、选修课、主题节日课、体验实践课和主题融合课五种类型。同时，"七彩课程"在每个年级有不同的要求，目标由低到高、由少到多、由浅到深，指向学生的全面、主动发展。显然"七一小学"已经形成的具有教育意义和影响力的经验载体总和，从某种程度来说，是对国家课程、地方课程与校本课程的一种超越。

如果仅限于此，那么"七一小学"的课程改革无疑也只是全国几十万所中小学校中的一所，并没有形成自己独到的经验与理解。然而，值得欣慰的是他们提出了带有学校特色的四个"转向"，即：从"课程改革"转向"课堂革命"；从"打造特色"转向"创生文化"；从"分科课程"转向"课程统整";从"关注课程"转向"关注学生"。

在这四个"转向"的指导下，学校把课堂作为课改的主阵地，提出了："小知识"提供"大空间"，"大单元"整出"小问题"，"小学科"成为"大舞台"，"小任务"点燃"大梦想"，"小专家"走上"大讲堂"等课堂教学策略。他们深深懂得"教育改革只有进入到课堂的层面，才真正进入了深水区。课堂不变，教育就不变，教育不变，学生就不变，课堂是教育发展的核心地带"。

在这四个"转向"的指导下，学校把课程建设视为学校特色文化构建的一个项目，他们在建设课程的过程中，认真梳理、分析自身海军资源的基础，充分发挥这一独特优势，开发"海洋、海韵、海娃""三海"活动课程，并以此作为创建学校特色文化的突破口和重要途径。

在这四个"转向"的指导下，学校意识到分科孤立的知识在真实的世界中并不存在；人的生命是一个完整的、持续的、充满种种创新特质的、富有意义的过程，是时间与空间的统一。儿童世界是一个完整的统一体，学生对分科知识的掌握并非教育的终点。在丰富多样的学科学习之后，他们尝试开设了"科学种植""花"等跨学科课程，试图从课程关系的视角改善课程与教学状态。

在这四个"转向"的指导下，学校意识到教育的所有行为必须首先符合儿童的身心规律和发展需求，才有可能真正促进学生的发展。生命是教育的原点，也是教育的归宿，关注学生生命发展，呵护、培育、唤醒生命生长的全过程是未来课程建设的方向。

应该说，这四个"转向"体现了"七一人"对课程改革的深度追问，对教育本质的理性回归。它让我聆听到"七一人"在课程建设之路上所迈出的坚实脚步声。我祝愿"七一小学"不断迎来属于自己的新收获。

北京教育科学研究院课程教材发展中心 研究员

李群

引子：美丽少年 七彩梦想

数株玉兰点缀于教学楼之间，在细雨微斜的春天散发着湿润的香气，一座白色折纸小船样的雕塑矗立着，安静似泊于港湾，坚毅似欲"扬帆起航"，这座美丽的学校就是北京市海淀区七一小学（以下简称"七一小学"）。七一小学创建于1954年，是原海军子弟学校，学校地处海军司令部大院内，悠久的历史和军队的基因，让这所学校在六十余年的发展历程中，取得了优秀的成绩：海淀区首批素质教育优质学校；海淀区艺术、科技、国防教育示范学校；课程设置最适合学生发展的学校；北京市教科研先进学校、数字校园和基础教育国际交流与合作实验学校，等等。

现在的七一小学占地26000平方米，有66个教学班，在校学生2660人，专任教师164人。在"十八大"提出建设美丽中国，实现中华民族伟大复兴"中国梦"的那一刻，七一小学重新审视顶层设计，提出做"美丽教育"的概念，让全体师生都具有"海洋情怀"的人文素养和"国际视野"的现代精神，拥有美丽人生。

苏格拉底说："教育具有一种力量去解放和引领灵魂中最好的部分，去沉思万物之中最好的东西。"教学出身的张建芬校长深刻地知道，教育教学是实现办学目标的主要途径。七一小学在办学上着重突出海洋元素，学校围绕"海洋情怀，国际视野"构建课程设置，开发校本课程，开展课堂教学。

在课程设置方面，七一小学将学校的课程设置从内容上分为了七个板块：红色的语言文字、橙色的科技探索、黄色的公益责任、绿色的运动健康、青色的情趣艺术、蓝色的海军海洋、紫色的国际理解。"七彩课程"每一个领域的课程形式又分为必修课、选修课、主题节日课、体验实践课和主题融合课五种类型。同时，"七彩课程"在每个年级有不同的要求，目标由低到高、由少到多、由浅到深，指向学生的全面、主动发展。正如张建芬校长所言，七一小学的教学是在尊重学生个性的基础上展开，关注学生的个体差异，奠定学生终身学习的基础。

在校本课程开发方面，七一小学开设了以"海洋、海韵、海娃"为主题的"三海"校本课程。从一年级的"赏海"、二年级的"爱海"，一直到六年级的"护海"，每个年级一个核心主题，内容丰富，体系严谨；从"海娃大爱""海娃求索""海娃乐航"到"海娃健体""海娃赏美""七一海娃实践课程"，整合了学校各类活动、节日、比赛。在"三海"校本课程实施中，七一小学采用了"老师指导、学生主讲"的大小导师联动授课方式，使海洋课程呈现出了不同以往的形式，取得了良好的效果。

在课程实施方面，为了确保课程的高效和效果的真实，七一小学在各个年级进行了跨学科主题融合的研究。"跨学科主题融合"教学模式是七一小学创新办学的一大特色。这种教学方式让教学工作以主题形式展开，让看似不相关的学科知识在主题之下产生关联与融合，例如："七巧板"主题课程，把语文、数学、舞蹈、美术融合到一个课程中；"花"主题课程，把语文、美术、音乐、信心、品社融合到一起；"科学精神"主题课程，则涵盖了语文、数学、品德、体育、美术、信息等多种课程。"跨学科主题融合"教学模式使教师教研和备课的方式发生了变化，课堂的教学形式也随之发生了变革。课堂上学生思考的深度和广度都有了明显提高，小组合作、思维导图在课堂教学中的应用也让课堂更具活力、更加高效。七一小学通过一系列的教育教学创新，实践着"课堂改变，学校才会改变；课堂优质，学生才会优质；课堂创新，学生才会创造；课堂进步，教师才会成长；课堂高校，教育才会高效"的判断。

在逐渐摒弃"学到"，崇尚"会学"理念的现代教育中，激扬小学生的学习兴趣，保护他们的求知欲望，成为小学教育的重点。七一小学已开设约

30 门选修课，一二年级的学生可根据自己的喜好选择课程的形式，从而激发和培养学生的兴趣。同时，步入三年级后，学生将进入相对固定的社团深入学习中，实现从兴趣到专长的转变。学校还开设了游泳节、健美操节、体育节、教师节、感恩节、父亲节、母亲节、入队日、毕业日等节日，并把相应的主题活动丰富到节日中，以节日的形式来满足孩子多元发展的需求。

在这个由海洋承托着陆地而组成的蓝色星球上，以海洋为底色的学校，是不能不具有国际视野的。七一小学独具特色的国际交流课程，除外教课和定期赴英国、美国、新加坡等国家学习交流之外，还开设有视频交流课，分别由两个国家的老师带领两国学生以视频交流的形式进行课程学习。互联网技术的运用，跨越了时间和空间的藩篱，让同学们在收获知识的同时拓宽了国际视野，也开创了采用视频交流方式开展国际课程的先河。

张建芬校长说："好的教育要是温暖的，好的学校应是被喜爱的。"当学生说周末就盼着周一来学校吃午饭时；当有困难的同学得到了学校的默默关照、同学的长久帮助，深感被接纳的幸福时；当已经毕业的学生在互联网上倾诉对七一小学的怀念时；当张建芬校长说，我们的教职工接近一半是党员，我们的学校有着军队严明纪律的基因和传承时，记者看到了作为教育工作者的职业自尊、教育管理者的成就和作为教育者单纯的幸福。

休谟曾对幸福作过这样的判断："幸福与其说是用任何其他方法，不如说是用情感的这种敏感性来达到的。如果一个人具有了那种能力，他由趣味的愉快中所得到的幸福，要比由欲望的满足中所得到的幸福更大。他从一首诗、一段推理中获得的欢乐要比昂贵的奢侈生活所能提供的欢乐更大。"无疑，张建芬校长获得了这种能力，七一小学被赋予了这种能力，七一的学生正在习得这一能力。

（本文原载于《中国教师》2017 年 08 期作者吕丹，有改动）

第一章 学校课程一体化设计

一、课程研究背景

（一）学校基本情况

北京市海淀区七一小学创建于 1954 年，原为海军子弟学校，1964 年转为海淀区教委所属全日制公立小学。学校地处海军大院，占地两万六千多平方米，现有教学班 66 个，学生 2660 人，其中专任教师 164 人。

学校重视利用社区资源开展校本课程，早在 1996 年就借助海军规范高品质的游泳馆，在 3~6 年级开设游泳课，从 1996 年至今所有毕业生都能学会 4 种泳姿，连续游泳 400 米以上，多人在北京市中小学游泳比赛中获得第一名的好成绩，学校先后被评为北京市、海淀区游泳项目传统学校。2006年我校借助海军海娃艺术团的艺术教育特色，成立海娃艺术团七一小学分团，为孩子们提供更高水平的艺术体验平台，《阳光下的花朵》《珊瑚姑娘》《少年与海》等经典节目多次参加中央电视台春晚、北京市电视台公益节目等。2012 年，学校利用海军室内体育场馆为学生提供了乒乓球、羽毛球等选修课程。学校与中国人民海军特殊的渊源以及地域上的便利，使得七一小学艺术、体育课程的实施得到有力支持。

军队文化中强烈的责任感、不断探索的精神、严谨的态度、坚定的人格品质，对学校文化的形成和办学理念的形成具有重要作用。

（二）学校课程发展脉络

2012年3月，我校有幸成为海淀区"课程整合，自主排课"十四所实验学校之一，学校迎来课程改革的新契机，我们重新审视课程建设方面的优势与不足，在专家的引领下我们从课程内容、课程形式、课程目标三个维度进行课程改革，提出"以丰富应对差异，创空间促自主发展"的课程建设思路，力求通过课程内容的整合、课程形式的丰富，创造丰富多彩的校园生活，满足学生差异的需求，促进学生自主发展。

2012年9月，正式实施课程方案。从课程形式上看，有必修课程、选修课程、活动课程；从时间设置上看，有60分钟、30分钟的长短课时；从组织规模上看，以行政班级40人为主，有从20人的小课到200人的大课分别做补充；从课程内容上看，有教材内容的执行、教材内容的拓展，也有多学科的融合和项目学习的设计。

2013年1月，我们针对课程实施效果进行分析，发现课堂中教师控制的方式导致国家课程目标无法真正落实，学生的自主性受到压抑，因此学校开始探索教学方式的变革。利用"大空间"教学设计理念，让课堂充满活力。大空间教学目标是指在原有教学知识目标的基础上，为学生的动机、情感、态度、策略等方面的发展创造更大的空间，激励学生自主学习，帮助学生有效调控自己的学习过程，使学生获得成就感，增强自信心，培养合作精神。"大空间"教学主要是在教学目标、教学活动、教学方式、教学评价四个方面，系统综合地为学生发展提供"大"空间，以"合作学习"为载体实施课堂教学方式变革，从而实现学生的自主发展。

2014年9月，进行学科实践活动、跨学科综合学习实践研究。

在课程实践中，描述教育活动的词语更多的是"丰富""差异""灵活""体验""活动""综合"，我们逐渐发现教育行为背后的课程追求是希望通过课程的适应性，丰富学生的体验，让学生学会学习，学会发现自己，从而成就自己。

二、课程设计思路

（一）学校的育人目标

1. 对自主发展的思考

马克思在《1844年经济学哲学手稿》中曾谈道："自由、自觉是人的本质。"进入21世纪，人们渐渐意识到，面向未来社会立身所需的综合素质已经不是简单的知识能够带来的，我们需要开始重新思考教育目标。其中，"自立自主地行动能力"才是重要因素。

北京师范大学林崇德教授带领其团队在分析经合组织、联合国教科文组织、欧盟等15个国家和地区关于核心素养的文献中，发现各地区核心素养价值追求虽不尽相同，但均重视"自主发展""社会参与互动"和"文化学习"这三大领域的观念却是不谋而合的。

2016年9月发布的《中国学生发展核心素养》研究成果，核心素养以培养"全面发展的人"为核心提出包括"自主发展"在内的三个方面。

由此可以看出：自主发展是人作为主体的根本属性。自主发展强调能有效管理自己的学习和生活，认识和发现自我价值，发掘自身潜力，有效应对复杂多变的环境，发展成为有明确人生方向、有生活品质的人。

2. 学校育人目标

"为学生的美丽人生奠基"是学校的办学理念，培养"自主发展的人"是学校的教育追求。我们将"自主发展"定义为自主性、主动性、独特性、综合能力和自我发展五个方面，每个方面对应两个核心品质或者关键能力。（见图1-1）

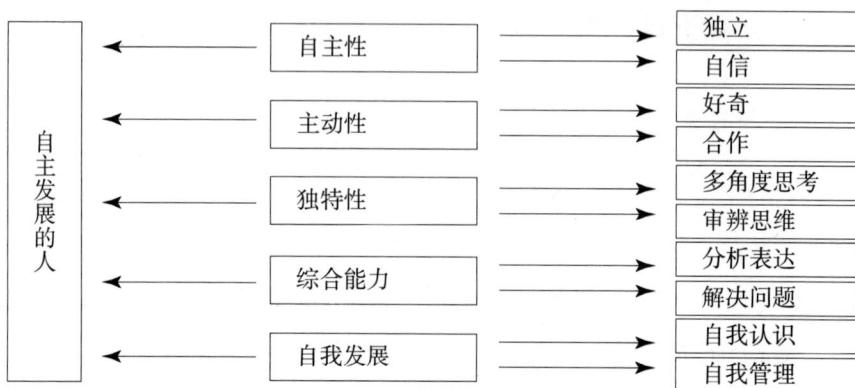

图 1-1

（二）课程愿景

课程是学校实现育人目标的核心载体，我们希望课程像"甲板"一样能够承载孩子们的童年梦想，通过丰富的课程内容、灵活多样的课程实施，让孩子们在甲板上汲取营养，拥有健康和自信，为奔向自己的"美丽人生"奠定基础。

（三）课程建设总目标

联合国教科文组织编写的《学会生存》中指出："未来的学校必须把教育的对象变成自己教育自己的主体。"埃德加富尔指出："未来的文盲不再是不识字的人，而是没有学会怎样学习的人。"中国学生核心素养也将自主发展作为核心素养三个维度之一被提出来。

我校的课程实施目标是促进学生自主性发展。我们认为自主发展是指学生在自主性、主动性、独特性、综合能力和自我发展等方面的综合成长。在自主性方面要做到自尊自信、独立分析；在主动性方面要做到主动参与、兴趣广泛和保持较强的求知欲；在独特性方面要做到具有较强的创造思维能力、应变能力、批判思维能力、研讨合作能力和动手实践能力（如小发明、小创造）；综合能力包括：观察分析、思维表达、自学探索、归纳总结、实验操作等；自我发展包括：学生自我认识、自我教育、自我管理、自我完善的能力。

（四）立足学生自主发展的课程建设总体规划

综上所述，我校的课程以"为学生的美丽人生"为切入点，以培养学生独立、主动、自信、自省、合作、质疑、创新七个核心素养为目标，促进学生形成自主发展的能力。

为了更好地实现课程目标，学校将国家课程、地方课程和校本课程有机融合，规划为七个领域：语言文字（语文、英语、书法）；科技探索（数学、科学、信息、综合）；身心健康（心理健康、体育）；公益责任（品生、品社、班队会、德育教育）；艺术（音乐、美术、舞蹈）；海军海洋（海洋知识、国防常识）；国际视野（文化、多元文化）。其中，后两个领域的设计基于学校的历史积淀及社区资源，"海军海洋"系列课程则得益于我校丰富的社区资源和家长资源，有条件开展海洋知识、国防意识、良好品质等相关方面的教育活动；"国际视野"不仅是现代社会对人们素养的要求，也是七一小学一直以来的教育优势。

通过不同领域课程的实施，实现不同领域课程目标，不断提升学生人文素养、科学素养、艺术素养，提升学生的公民意识，最终促进学生的自主发展。

表1-1　七一小学课程体系

课程领域	课程维度	课程模块	课程内容		课程目标指向
			基础类	拓展类	
语言文字	知识理解	传统文化	语文英语	语文剧经典诵读 阅读大王诗歌诵读 识字空间词句诵读 英语表演英语口语 英语短片英语说唱 绘本阅读博学演讲	提升人文素养
		成语故事			
		人文地理			
		赏鉴起步			
	实践应用	诵　读			
		创编表演			
		听说训练			
		影视欣赏			
科技探索	科学知识	生命科学	数学科学综合	酷玩科学数学探索 数学快车数学好玩 数学思维训练 海洋课程	提升科学素养
		自然科学			
		信息科学			
	科学探究	科学实践			
公益责任	社会认知	社区公益	品社班会	职业认识社会常识 军营文化 "一元钱挑战城市生活"安全演练	提升公民意识
		校园礼仪			
国际理解	习得应用	人际交往	品社英语	小屏幕大世界 文化箱传递	
		国际理解			
情趣艺术	艺术知识	音乐学习	音乐美术综合	手工创意民乐 舞蹈纸工 歌唱泥塑 英语律动版画 视唱练耳乐器 健美操舞美	提升艺术修养
		美术学习			
	艺术体验	艺术欣赏			
		艺术修养			
		艺术制作			
		器乐初步			
		传统艺术			
身心健康	运动健康	体能训练	体育心理	足球武术 乒乓球游泳 旗语羽毛球	增强体质、心理健康
		健康知识			
	身心健康	阳光少年			
海军海洋	海洋知识	综合实践	品社社团	少年与海主题节日 儿童剧展演军营参观 美丽的海洋我的家	提升综合素质

　　除此以外，各学科都有 10% 的课时用来开展综合实践、研究性学习、社会实践、社区服务等实践类活动，比如：安全演练、圣诞节游行、军营参

观、玉渊潭研学、种植课、校园儿童画展等。

七一小学以"促进学生自主性发展"为课程建设理念，构建了适合孩子发展的课程体系。利用网络平台进行学生自主选课，让孩子们在多种课程中发现和培养自己的兴趣。语言文字领域、艺术情趣领域更多涉及国家和地方课程。经过四年多的实践，我们在其他领域开发实施了校本课程。

在科技探索领域，学校开设了以"海洋、海韵、海娃"为主题的"三海"校本课程，编写了六本校本教材。其中，"海洋课程"采用大小导师联动的方式，让学生知海洋、爱海洋、护海洋，爱父母、爱海军、爱祖国，增强爱国主义情感。家长、教师共同设计的知识性、趣味性、参与性极强的海洋大讲堂课程已经开设近 200 次；聘请北京海洋馆的专家，与本校教师联手辅导学生进行海洋小课题研究活动；参观海军战士的军营，定期邀请担任海军军官的家长到校为学生进行海洋国防讲座。"三海"校本课程已经成为孩子们翘首企盼的课程。

在身心健康领域，我们将培养体育精神，养成运动习惯作为追求目标，通过多种途径使每个孩子掌握一、两项运动技能。将游泳课作为校本课程纳入课表，2~6 年级每个学生每周都有游泳课，学校组建的游泳队在北京市中小学生游泳比赛中曾蝉联四届团体冠军。我们编写了足球校本教材，在课堂中普及足球知识和基本技能，学校足球队荣获北京市小学生足球冠军，成为全国足球示范校。健美操、跆拳道、花式篮球、国际象棋等成为孩子们体育特长发展的重点项目，培养了学生体育精神。

在国际视野领域，通过外教课，文化箱传递，主题节日，视频交流课程——和加拿大、新加坡、美国等多所学校建立网上视频交流，使之成为孩子们认识世界的窗口。我们编写了国际理解教材（此教材获得了北京市基础教育课程建设一等奖），教材实施中拓展了孩子们的视野，使他们对多元文化有了更深的了解。

实践活动课程涉及整个学校课程的各项领域。语文学科四年级在单元教学中开展的实践活动"一元钱挑战城市生活"帮助学生进一步理解"金钱"

的意义。在设计好的行走路线中每个孩子利用"一元钱，一张纸，一支笔"去挑战城市生活，帮助学生建立理财的概念。活动后，学生用思维导图，绘本，文字的表达方式体现出了活动的价值。六年级的学生以劳动技能中的"种植"课为基础，通过简单的"种植箱"及海军农场的种植课程，让孩子们在劳动中获得体验，引导学生感知四季时节，学会和自然相处，发现生活中的美，表达内心感受，体验收获的幸福。孩子们在活动中的操作能力、动手能力、沟通能力、合作能力、节约粮食的意识得到了培养，更主要的是培养了孩子们对生命的关爱和责任感，从培育小苗的艰难过程中，懂得了对父母的感恩，对人生对成长有深刻的思考，有利于学生在走向成熟的过程中树立积极向上的人生观、价值观，这是课本学习远远达不到的。在学校海洋文化的浸润下，开发了"美丽的海洋我的家"以美术学科为主体的跨学科实践活动。孩子根据自己的需求进行选择，走进课程，将自己对海洋的热爱和对海军的情感通过画笔、造型、色彩、墨迹的方式展现出来，课程中融合着语文、科学、品德、综合实践、信息技术等多个学科的参与完成，孩子们在这样的课堂中尽情享受着学习的快乐，尽情抒发着独特的情感。

通过四年多的课程改革试验，七一小学形成了一系列精品课程，必修课中的游泳、舞蹈；选修课中的酷玩科学、手工创意、足球、民乐、绘本阅读；国家课程校本实施过程中开发的跨学科主题单元课程、思维导图等学习工具课程。学校也逐渐形成以多个主体为引领的特色专题活动，例如：以家长为课程开发主体的"职业认识""社会常识"大课堂；以教师为主体开发的"数学好玩""英语戏剧表演""阅读欣赏"课程；以专业艺术团为课程开发主体的"海娃艺术团""管乐演奏与欣赏""舞美""歌唱"；以海军社区为开发主体的"旗语""军营文化"；以学生为主体开发的"分享技巧""博学演讲"等课程。这些主体既是课程开发的主体，也是课程评价的主体。

三、课程推进方式

"大空间课程模式"是我们基于学生自主发展的课程实施思路（见图

1–2），"大空间"就是为学生发展提供充分的自主选择、自主发展的机会，
具体解释如下：

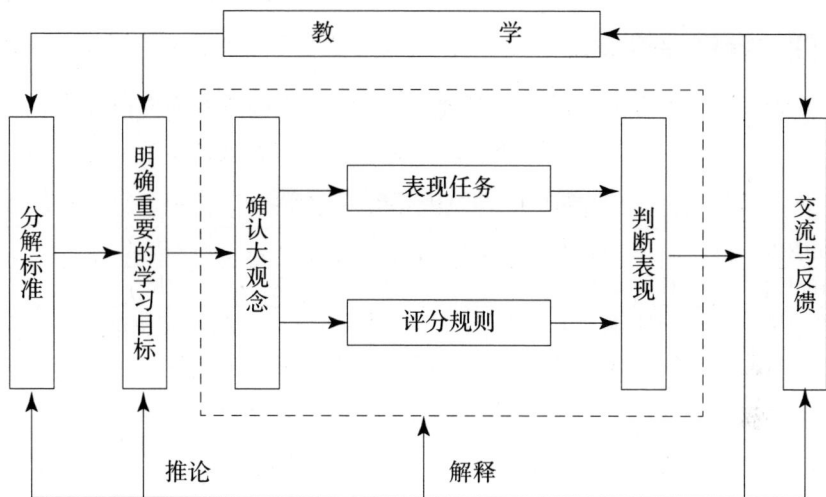

图1–2 表现性评价与课程标准和教学的关系

课程目标更全面——在原有知识目标的基础上，为学生的动机、情感、态度、策略等方面的发展创造更大的空间，激励学生自主学习，帮助学生有效调控自己的学习过程，使学生获得成就感，增强自信心，培养合作精神，其核心是学生的自主发展，即学生成为学习目标的制定者、探索者、学习活动的协调者、责任者和评价者，充分发挥学生学习的主体作用。

过程体验更个性——教学以"大空间"活动设计为载体，通过挑战性的学习活动，激发学生通过多种学习路径进行探索的积极性。

互动分享更充分——"大空间"互动方式是通过小组合作学习扩大学生学习、思考、交流和互动的空间，在单位时间内为学生创造出更多表达、阐述、解释的机会，学生的思维更加自由、丰富并充满个性，每个学生都能积极主动地参与到学习活动中。

效果评价更自我——"大空间"的课程评价是通过学生自我评价、同伴评价、小组评价、组间评价、教师评价等各种评价方式进行，实现对学习活

动和教学活动全方位、全过程的评价，拓展了评价的空间，并创造了自我评价促进学生自主发展的可能性。

四、课程评价设计

基于学生自主发展的课程实践效果主要从以下四个方面进行评价。

表 1-2　七一小学课程效果评价

评价内容	实施要点	评价方式
良好习惯	学生的行为习惯	学生观察、家长反馈
学业水平	各类课程实施效果情况	质量检测，学业水平测试
自主发展	自主性、主动性、独特性、综合能力和自我发展	学生访谈、作业评价、问卷调查、作品分析、讲堂活动、个人才艺展示
身心健康	身体素质和心理健康	体质监测和对学生的观察、访谈

（一）针对课程效果的评价

针对国家地方课程的实施效果，学校依据教学要求进行期末测试，可以了解课程实施的效果和不足，采取调整和补救。组织全体学生参加体育测试，根据反馈的数据分析学生情况。

针对学校整体课程的实施效果，我们请北师大研究团队进行全面调研，通过教师、学生、家长这些利益相关者共同的客观评价诊断课程实施的效果。

（二）促进学生发展的评价

伴随着课改不断向纵深推进，评价最主要的功能就是有助于教师做出更好的教学决策，学生在多大程度上达到了学习目标？学生的学习困难在哪里？该将哪些重要信息反馈给学生？下一步的教学该从哪里出发……这样的评价就是以促进学生发展为导向的支持性评价。

五、课程过程管理

（一）课程领导小组及分工明确

自 2012 年被确定为自主排课学校，七一小学便成立了课程建设领导小组，它是学校课程建设与发展的决策机构，负责学校课程的整体规划、开发、实施和评价工作的整体设计。七一小学课程建设领导小组依据国家教育方针、学校办学理念和办学特色、学生特点及需求、师资力量、校外资源等，制定了学校课程改革发展规划，对学校国家课程、地方课程和校本课程进行了整体设计、对课程实施与评价进行了制度设计与优化。同时，强化了课程领导责任，规范了学校课程开发与管理的程序，明确规定各类课程目标、课程内容、课程门类和形态、课时分配与安排、课程评价、课程管理等方面的要求。学校课程规划的制定，实现了国家课程计划与学校办学理念和育人目标的高度融合，构建起符合素质教育要求、适合学生多元发展、体现七一小学办学特色的课程体系和课程开发与管理机制，为学校的课程改革与管理实施提供了基础和决策依据。

（二）师资保障

同课程建设领导小组一起建立了课程审议小组，负责学校校本课程开发的审议、课程需求评估以及常规课程实施的监管。配合课程建设领导小组，对社会需求、学生需要、家长期望、学校发展规划等因素进行综合分析，构建课程体系框架，制定课程发展目标；结合课程资源调查，对教师的知识经验和能力、数量、教学场所、专业教师、场地进行潜在资源的利用；根据学生的发展目标、教师专业发展目标和学校发展目标，考虑学科领域、科目和师资、教学资源情况，做好课程实施方案和教学计划。

（三）经费保障

从学校的经费中拿出一笔资金专门用于课程的开发，同时根据教材质量给予一定的奖励。

六、课程实施效果

（一）发展自主性，培养核心品质

课程设计基于学生的自主发展，指向学生核心素养的培养，通过课程内容的整合与补充，通过有效的实施方式，学生的自主性得到极大发展，学业水平显著提高。

在 2016 年海淀区七年级检测中，我校学生整体表现均高于海淀区平均水平，处于"水平高，差异小"的层次，各学科优秀率远远高于区平均水平，其中在解决问题的能力上表现突出。

教师、家长、专家的评价，描述学生表现频次最高的词语是"自信""丰富""表达力强""合作""参与""活跃"等，从中可以看出学生综合素养的提升。

教师眼中的学生——理性而自信。"应该说以活动为载体的数学课堂为学生提供了充分的思考空间，他们在课堂上常常有出乎教师预料的表现。"学生的倾听能力、表达能力得到发展；学习策略更加丰富，表现思考过程的能力更强；思辨的意识，接纳他人观点的意识明显提高。课堂小活动、课外大活动、跨学科综合活动这些不同的活动类型创造了不同的挑战空间，适应学生不断提升的学习能力。

家长眼中的课堂——学习就是经历。六年级学生杨睿的爸爸这样说道："我有幸现场看到同学们在数学课上的精彩表现，作为一个家长心里十分激动。学校的老师们为孩子们提供的是'经历'的机会。同学们在活动中通过自己的努力设计出了一个个构思新颖、充满人性化关怀的设计方案，在这个过程中学到了新知识掌握了新技能，并且通过在团队合作中综合应用，培养了实践能力，每个孩子都有收获和快乐，看到你们战胜困难后的轻松和喜悦，作为家长感到非常欣慰。"

专家眼中的学校——"学为中心，主动建构，活泼开放"。海淀教科院严星林所长认为七一小学拥有了民主、平等、尊重、宽松课堂氛围，课堂效果可以概括成：思维训练深刻，合作能力突出，交流碰撞激烈，参与度高，表达能力突出。这样的课堂改变了传统课堂过于偏重知识技能这个维度的一个弊端，它定位于整体的培养和适应未来奠基的这种培养，其体现在四个方面：（1）首先是独立意识和精神的培养。我们能看到批判性思维，质疑，好奇心、求知欲的保护与激发，在这课堂上能看到的；（2）知识技能的习得。它是聚焦在学科的本质和学科的素养上；（3）社会化技能的习得。合作、表达、沟通，甚至辩论都能看到；（4）最后是完善人格的养成，看到我们的学生是积极的、友好的、健康的、坦诚的、阳光的，是正向人格的一种塑造。

（二）学生对于课程和教学方式的满意度提高

在课程的吸引力方面，当被问及"我觉得现在的课程很有趣"时，36.6%的学生表示比较符合，41.7%的学生表示完全符合（见图1-3），总的来说，当前的课程对学生具有吸引力。教师是课程的组织者，教师教学水平的高低直接决定了课堂实施的优良与否，研究从学生的反馈对此进行了分析，78.9%的学生认为老师上课生动有趣（见图1-4），不难看出，教师的授课水平值得肯定，这两个数据和2013年相比分别提高7个百分点和12个百分点。

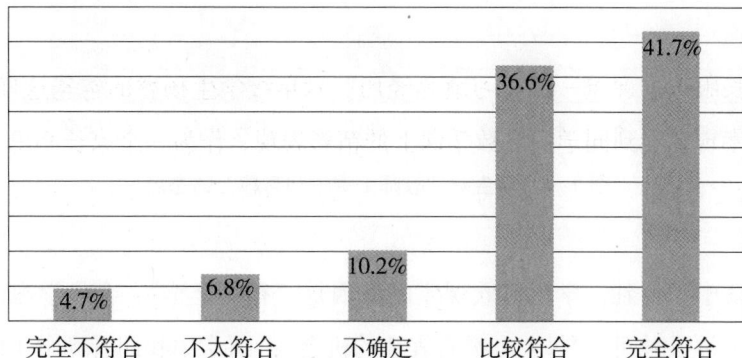

图1-3 学生对"我觉得现在的课程很有趣"的态度

访谈中，我们还发现，学生对于涉及"真实的情境""真实的任务"的课程印象深刻，孩子们谈到"校园一角"招标会，除了"兴奋""成功""激动"等词语之外，还有一个词语出现频率很高，那就是"舍不得"："终于结束了！但是我并不是很开心，还有点难过。因为我喜欢这次数学活动，我收获了很多：友谊、工具、设计……最重要的是我知道了要有梦想！""哎，活动做完了，也不知道以后还有没有这样的活动，心情就像在下大雨，真的好希望还有这样的活动，这好像是我第一次喜欢的活动，哎！""我是发言人，可是我意犹未尽，虽然每天我都在用'生命'完成方案，但是我收获了坚强、友谊和知识，希望以后这样的活动会多一点"……

这样我们意识到：当一个人在一件事情中有了自己的定位，找到了归属感、责任感，就会自觉使用各学科的知识、方法、工具、经验，自主调动综合性的能力来解决问题。而这，是在纸笔学习中，学生不可能经历的。解决问题之后，将学科轻轻放下，享受学习、合作、创造的快乐，这原本是人类学习的本质。这样的学习更自发、更真实、更有力量。

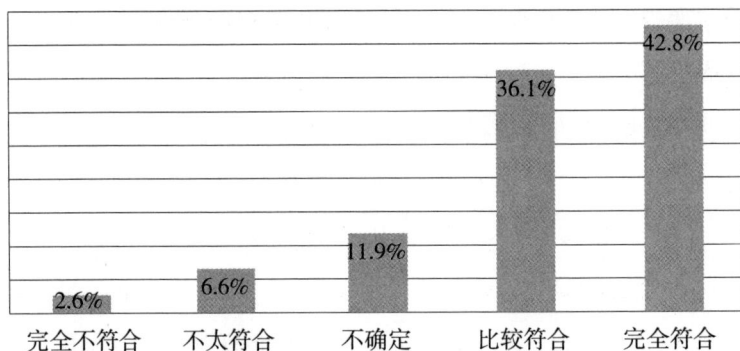

图1-4　学生对"教师上课生动有趣"的态度

访谈中了解到，学生喜欢课堂的原因是"有安全感""合作学习的方式提供更多学习时间""每个人都有表达的机会"。课堂中我们看到学生敢于表达，课堂形成了师生之间、生生之间的全方位、多层次、多角度的交流模式，小组中每个人都有机会发表自己的观点与看法，也能静下心来倾听他人的想法意见，逐渐形成一种相互信任、相互依赖的关系，学生的责任感增强。

这些同学谈道："原来我不敢举手发言，我当上发言人之后，我发言的次数越来越多，我非常喜欢小组合作学习。""小组合作学习教给我一个管理同学的能力；平常我没有自信，进入小组学习后，我变得自信多了。""小组合作学习，让我的想法更多，而且让我们组学习不好的同学成绩变得好多了。"真实的语言，让我们看到课堂教学方式给孩子们带来的变化。

（三）提高了教师的课程领导力

1. 促进教师学习

教育变革专家迈克尔富兰曾说，几乎所有教育价值的变革都需要新的技能、新的行为、新的信念和新的认识。课程改革对教师而言，就是新的技能、新的行为、新的信念和新的认识的变革，而这些冲突促使教师不断学习和改变。

在以往的课堂中，教师只要将教材的内容准备好，清晰生动地介绍，一节课就可以完成了。现在，从课程内容的增加拓展到删减整合，再到教学方式的改变，需要教师不断学习、实践、反思、调整，在这一过程中，教师学习真正的发生了。

2. 重新定位教师角色

教师最显著的变化是能够从学生的视角看待教学活动设计，考虑学生需要有怎样的经历才能理解数学内容，才能积累学习经验，才能展示自己独特的思考和实现自己的提升，并努力为学生提供"经历"的机会。正源于此，教师不再考虑技术上的一招一式，而是转向教学资源的开发、课程的设计、对学生差异化的支持。

3. 对课程价值的再认识

一直以来，教师认为教材就等于课程，几年的课程实践，让教师认识到课程是实现育人目标的载体，课程开发与设计要围绕育人目标进行，依托现有资源，适合孩子的年龄特点，教材是课程建设的重要资源之一。

　　课程目标不仅仅是知识、能力目标，还有人的全面发展，素养的持续提升，课程目标是动态的，不是静止不变的。

　　在课程的开发及实施过程中，教师的学科素养和课程整合能力得到快速提升。老师们按照研究目标边学习、边实践、边探索、边反思、边总结，通过研究，教师的整合意识和素质教育观念明显增强。在学科教学中，坚持以学生发展为本，着眼于促进学生在实践探索中求知，着力于使学生掌握科学的学习方法，着手于使学生学习知识的同时，掌握技能、学习方法、发展各种能力。

七、课程建设特色

（一）构建课程体系的前瞻性

　　七一小学课程从课程内容、课程实施方式、课程目标达成情况评价三个维度进行设计。

　　课程内容设置为七个领域：语言文字；科技探索；身心健康（心理健康、体育）；公益责任；情趣艺术；海军海洋；国际视野。这七个领域充分考虑到国家课程、地方课程和校本课程的情况以及学校当前发展现状和学校所处社区特点，并结合社会发展对于未来人才的需求。这种设计表面上看只是内容的分类，实际上体现了对于具体的学科的重新认识，例如语言文字系列突出"工具性"；科技探索系列突出"研究性"等。不同学科的不同定位凸现了学科特点和学科价值，有利于教师对于本学科在育人中发展哪些核心品质、核心素养的把握，有利于转变教师"重知识、轻能力"的现状，事实上，经过四年的实践，效果显著。

　　课程实施突出综合性体验活动，促进了"知识与生活实际的联系""不同学科知识之间的联系""课内外之间的联系"，这些体验性活动在北京市提出"10%学科实践活动"之前已取得较好效果。

　　课程效果评价采用"实践—反思—完善"的方式与课程实施同步。没有在课程改革初期就提出评价目标，因为我们意识到评价是重要的，也是复杂的，在课程改革之初提出完善的评价方案是困难的，也是不客观的。评价的最终目标是改进工作，因此我校将评价作为"反思"，基于工作改进的"反思"解放了干部教师的工作思路，呈现了灵活、多样、效果好的评价方法。

（二）落实课程目标的创新性

发展人的"自主"性是课程基本目标，自主性的发展不是依靠知识的积累就能够形成的，而是以知识学习为载体发展学生的独立性、个性、理性和创造性。

这一美好的理想需要探索具体的实施途径。七一小学经过五年的探索，初步形成了可操作的、具有良好效果的独特的策略和方法，并产生巨大的社会影响力。

"创造大空间，促进自主发展"是落实课程目标的基本思路。具体来说，分为以下三个维度：

活动设计"大空间"——小到几个字、一道题的教学，大到一个主题活动的设计，我们用以下标准衡量是否为学生创造了"大空间"："是否有利于学生独立的完整地思考问题、解决问题""是否有利于不同的孩子能够按照不同的方式开展学习""是否对于不同层次的学生都具有一定挑战性和吸引力"，三个回答都是肯定的，那么就完成了一个好的活动设计。

互动交流"大空间"——小到几个字、一道题的教学，大到一个主题活动的设计，我们都以学生团队为组织单位开展，不仅是"三个臭皮匠比得上一个诸葛亮"，更是因为"三人行必有吾师焉"，学生本身就是学习资源。尤其重要的是，学生之间的交流、协商、分享的过程恰好是发展学生自主性的重要过程，是任何一个知识都无法承载的教学目标。

评价反思"大空间"——借鉴学校课程整体实施效果评价的"实践—反思—完善"的行动研究思路，"评价"也成为发展学生自主能力的基本载体。学校是课程效果的主动评价者，学生则是自己自主发展能力的主动评价者。

因此，我们在课堂中，结合具体内容的学习，引导学生进行自定目标，自己收集信息，自己思考，主动进行评价。由于评价是学生自己进行的，因此评价的定位一定是基于认识自己，改进自己，发展自己。

（三）课程效果评价的灵活性

"实践—反思—完善"是实践研究的思路，是实践课程改革的思路，也是我们不断探索评价方式的过程。

重视来自学生的评价：学生是课程改革最重要的利益相关者，倾听学生的感受、观察学生的表现，了解课程实施的效果。前面谈到的学生座谈会、汇报会、展示、作业分析都是收集信息的方法。

倾听来自同行的声音：开展课程改革以来，经常有不同地区不同学校的同行走进学校，我们利用这个机会了解同行对学校的评价，收集到的意见实践提供了参考。优势分析为学校提出了发展建议。

分析学生家长的观点：七一小学的家长是课程的开发者、实施者，也会邀请家长定期参与课程实践活动，通过交流了解家长对于学校课程和育人目标的认识。

形成自己的理性思考：作为课改实施主题，学校教师需要理性分析自己的行为是否有效，综合以上三个方面的意见形成更客观的自我评价。这是课程建设的持久动力。例如报告中提到的《素描七一课堂》公众号，阶段性总结反思活动、课后研讨活动、课堂观察等都是自我反思性评价。

自主发展意识和自主发展能力是学生适应社会发展必备的品格和能力。研究如何促进学生自主发展，是基础教育课程改革的目标之一，学校将继续探索发展学生自主能力的途径，在课程设置、实施与评价方面做出新的成效。

我们深刻地认识到，"课程"和"课堂"是实现育人目标的重要载体。我们在对课程改革关注的同时，也大胆进行了课堂教学方式的变革，尤其是持续深入研究小组合作学习，得到了高度关注和多方认可。下面一章我们将重点谈谈课堂的变革。

第二章　从"课程改革"走向"课堂革命"

把课程改革的重心放在课堂革命上，是教育改革发展的必然。课堂是教育的主战场，教育改革只有进入到课堂的层面，才真正进入了深水区，课堂不变，教育就不变，教育不变，学生就不变。2017 年 9 月，教育部陈宝生部长提出了"课堂革命"的口号。我们放眼世界教育改革，20 世纪 60 年代由美国发起并延伸到西欧和北美各国的大规模课程改革运动希望落空，使得美国及其他国家的许多理论者和实践者同时意识到，教师是保证改革得以实施的关键。英国当代教育家劳伦斯·斯腾豪斯（1975）提出："任何的课程改革的方案和建议，最终都必须要经过教师的实践验证，每一个课堂都应该是一个课程理论的实验室，每一个教师都应该是这个实验室的研究者。"

因此，七一小学的课程改革坚持以促进学生学习方式的变革作为教学改革的重中之重，力图以学生学习方式的变革为着眼点，发起一场教学领域的彻底而深刻的变革，最终促成学生得以主动健康地发展。

一、创新"教学方式"

课程内容的建设不断呼唤教学方式的变革，教学方式的研究有力促进了课程的落实，课程建设要变"统一"为"丰富"，课堂教学需要变"被动"为"主动"，而这两个维度是相辅相成、缺一不可的。我们认真地回看、观察和分析了以前的课堂，主要是以师问生答为主，以教师为核心，教师抛出一个个问题，学生只要作答就可以了。在这样的课堂上，老师真的很精彩，但学生只需要踩着老师铺设的石头就可以过河，学生没有独立过河的机会，没有完整思考问题、解决问题的经历，没有问题，只有答题。这样的课堂结果就是学生被动学习，不会学习，不会思考，不会独立行走。

（一）"小知识"提供"大空间"。

"小知识"就是探索小的知识点，"大空间"是指在探索的过程中展现学生丰富的思考和解决问题的策略，在反思、梳理、总结、提升、评价这些策略的过程中发展综合能力和思维品质。

对于一线教师而言，教材中一个个小知识点是需要在每节课中落实的"硬目标"，"独立、主动、自信、自省、合作、质疑、创新"这些素养则成为"软目标"。时间紧、任务重的时候，教师往往舍弃素养目标，落实知识目标，因为这样的目标不仅可测，也更容易把握和落实，长此以往，"核心素养"将成为一句空话。七一课堂则呈现出不一样的"风景"，以落实知识目标为载体，实现综合素养的发展。李勇老师说："学生长大后，把很多知识、公式忘记了，剩下的是素养。理性思维是核心素养，批判质疑是核心素养，我们教师要做的是抓住知识的本质，启发学生的思考，帮助学生积累思维和实践的经验，核心素养蕴含于这个过程之中"。

二年级"神奇的七巧板"的课程开发源自数学书上的平面图形后的练习题：用七巧板拼出你喜欢的图案。能不能以此为出发点开发适合孩子年龄特点的多学科课程呢？数学、美术、舞蹈、语文学科教师共同参与，围绕七巧板设计了"七巧板的正方形""用七巧板创作故事画面""我的故事画""快乐7兄弟"四个领域的课程，一个七巧板带给孩子们理性严谨的思考，丰富的联想和创意，语言表达，音乐表现……

其实很多基础性课程，我们都是从一个"小点"出发的，在教学设计当中，采用开放的设计策略，让孩子面对这个知识点的时候，用开放的思维、开放的心态去解决。让课堂呈现出解法的丰富性，再寻找每一种策略背后的价值是什么，通法通理是什么，数学思想是什么。

【案例分享】

教学，从学生的问题开始

（文/常秀杰）

一、缘起——这是教材里的哪节课?

课间在楼道里偶遇陈颖老师，"陈老师，一会儿上新课吗，我想去听听?"我笑着问她。"可以呀，来吧!"

"今天继续研究$3-\frac{3}{8}$"陈老师面向全体同学说。教学20余年的我，对教材很熟悉：这是教材里的哪个例题呢? 刚开学第二周，五年级下册第一单元《分数加减法》中没有这个例题呀? 我心里暗想。

我们组有两种方法，第一种$3=\frac{24}{8}$，用$\frac{24}{8}-\frac{3}{8}=\frac{21}{8}$；第二种$\frac{3}{8}=3\div8=0.375$，$3-0.375=2.625$。其实这两种方法与上节课的分数加减法$\frac{2}{5}+\frac{1}{4}$计算方法相同。

我们组再补充一种方法，我们把整数3拆成1和2，$1-\frac{3}{8}=\frac{5}{8}$，$2+\frac{5}{8}=2\frac{5}{8}$。话音未落，一个学生说：我画的图正好能解释你们组的这种方法……

……

大家看，这些方法都很像，要么把整数转化成分母是8的分数，要么把分数转化成小数，总之是转化成"身份"一致的数后再计算。

教师：总结得很好，回顾我们第一节课梳理的"单元问题"（同时出示第一节课板书），$3-\frac{3}{8}$刚才已经解决，哪个问题还没有解决? 是的，像$1-\frac{1}{8}-\frac{3}{4}$这样的分数混合运算，运算律是否同样适用? 这个问题还没解决，给大家3分钟独立研究的时间。

听到这儿我才明白，陈老师没让学生研究教材中的例题，学生研究的是他们自己提出的问题。

二、了解陈老师的做法

在课前布置单元预习任务（见图2-1）。

分数加减法单元学习单

班级　　　姓名

对于分数加减法你想研究哪些内容，你遇到的问题是什么？

想研究的内容（可举例说明）	遇到的问题

图 2-1

单元起始课上，首先是5分钟的小组活动，小组活动要求：

1. 轮流发言，交流自己对这一单元的研究内容的梳理情况以及自己遇到的问题。

2. 组长带领组员对每个人的问题进行归纳总结，梳理出你们组的问题。

接着是全班分享，每个组轮流介绍本组梳理的问题，老师板书在黑板上。并且各组只补充与别组不同的问题。

最后，教师组织学生对黑板上的问题再次讨论：你认为还有哪些问题其实是重复的，可以归为一类？这些问题以怎样的顺序进行研究？为什么？

三、我的思考

思考1：我们的教学，从哪儿开始？

长期以来，教师习惯提问题、布置任务，学生只是去做题、去完成任务。然而教师给予学生的问题，不一定是学生需要的，至少不是学生"自主的需求"。这种给予和需求不匹配的课堂可以用下图表示（见图2-2）。

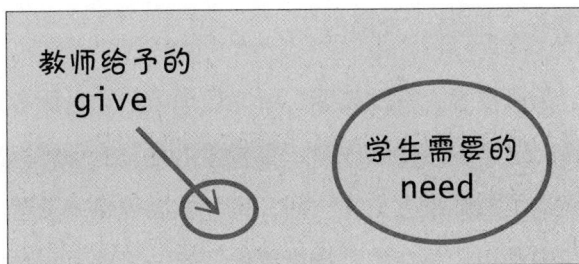

图 2-2

　　陈老师的课却不同，她没有按照教材规定的逻辑顺序和例题按部就班的开展教学，而是根据学生提出的问题把单元内容进行重组，顺着学生的问题开展教学。

　　这节课，虽然没有华丽的引入，但学生的思考是"积极的""投入的""有需求的"，因为学生是问题的发起者。培养学生发现问题，提出问题，不但能使学生产生思维的动力，而且决定思维发展的方向和性质。我们觉得学生提出问题不仅是开展教学的手段或方法，同时它本身更应作为重要的教学目标。我们的教学，应该从学生的问题开始。

　　思考2：学生问题"过剩"或"不足"怎么办？

　　在陈老师"问题梳理"的板书中，貌似没有教材中的"'分数王国'与'小数王国'"这些内容，其实分析会发现，在研究分数加减法、分小混合加减法的过程中，就分、小互化的问题实际是在"用中学"。

　　教学中，可能还会遇到学生提的问题"过剩"（教材中没有涉及或学生没有能力解决的问题），教师要引导学生对他们提的问题进行梳理、整合和概括，能解决的都要解决，否则会打击学生提问题的积极性。只不过解决的时机和方式可以多样，比如可以在小组内解决，可以在教室开辟专栏发布学生解决问题的成果等等。

　　总之，从学生的问题开始的教学，无疑给了学生更自主、更自由、更广阔的学习空间，随之而来的是对教师的挑战，"怎样让学生敢提问题、爱提问题、会提问题、善提问题"是我们进一步要研究的。

（二）"小学科"成为"大舞台"

实践活动、信息技术、劳动技能、研究性学习、社区服务这些内容组成了综合实践学科。这个学科内容庞杂，更重要的是只有课程标准，没有课程内容，这一方面给了教师很大自主空间，另一方面也带来教学上的困难。针对这一情况，我们利用"复杂的事情简单做"这一思路进行化解，将这些小学科进行整合，每个学期开展 2~3 个项目，用整合学习的方式丰富学生的体验，让小学科成为孩子发展的大舞台。

【案例分享】

这是什么课？

（文/谢海红）

中国剪纸是一种用剪刀或刻刀在纸上剪刻花纹，用于装点生活或配合其他民俗活动的民间艺术。

这是思品课？

教师提问：判断下面图形是不是轴对称图形。

这是数学课？

学生画出蝴蝶的图案，这是美术课？

都不是！

这是发生在一节课中的几个环节，这是什么课？

这是三年级吴楠老师的一节以《春意盎然百花园》为主题的综合课，目标是加深对中国传统文化《剪纸》的了解，学生通过观察、体验、剪纸技术的学习、动手操作等实践活动，结合剪纸文化、作品赏析、剪纸技法、电脑构图、实际操作、成品展示等方面的学习，使学生围绕一个主题从感知到体验，最终用自己的双手装点美丽的春天、美丽的校园。本节课是学生在了解《对称的美》。

这是我校在大课程观的引领下，自主开发实施的综合课程。

早在上个学期我校综合组的老师们就开发与实施了融合品德与社会学科、信息技术学科、综合实践学科的综合课程。

在此基础上，本学期三至六年级以综合实践活动课程为基础，参考项目学习理论，涉及信息技术教育、研究性学习、社区服务与社会实践、劳动技术教育内容，每个年级开发了三至四个活动主题，编写了课程实施方案，正在有条不紊地实施着。

比如：三年级的《未来社区》，四年级的《水中玩具》，五年级的《陀螺》，六年级的《承载梦想准备腾飞》，看到这些主题你同样会疑惑：这是什么课？每个主题都会涉及不同学科的知识、能力；给学生搭建发现生活中的问题、综合解决问题的体验、展示平台。

正是这样的综合实践活动课程，带给学生的是亲身经历，要求学生积极参与到各项活动中去，在"做""考察""实验""探究""设计""创作""想象""反思""体验"等一系列活动中发现和解决问题、体验和感受生活，发展实践能力和创新能力。

学生学习的最终目的，很大程度上是为了解决生活中的问题。我们的课程设置、学科教学也是在培养学生解决问题的能力。综合实践活动课程更加强调对现实问题的解决和对知识的综合运用，更关注解决问题的实践过程及由此产生的丰富多彩、生动鲜活的体验。带给学生是开放的、自主的、综合的体验。

（三）"小任务"点燃"大梦想"

项目学习（Project— based Learning）源自美国教育家杜威（Dewey）倡导的"做中学（learning by doing）"，是建构主义视野下的一种教学方式，它通过围绕真实的学习任务，使学生综合多种学科知识与经验，在合作学习中设计并实施一系列的体验探究活动，将学习成果予以表达、交流与展示。

教学中我们尝试从某个学科出发，设计一些真实的任务，让学生在完成一个真实的任务中体验知识、社会、生活、友谊。例如：六年级数学学科开展了完成学校内某块空地的功能性设计——"校园一角"设计招标会这一综合实践活动课程。学生在课程中体验着真实情境，让知识从书本真正走向生活。

【案例分享】

基于项目式学习的综合实践活动课程研究
——以《快乐的瓶子》为例

（文/路欣艳）

为了进一步深化课程及教学的综合改革，践行社会主义核心价值观，落实立德树人的目标，更好地培养中小学学生的社会责任感、创新精神和实践能力，促进中小学学生健康、全面发展。教育部于2017年9月颁布了《中小学综合实践活动课程指导纲要》，其中指出综合实践活动是国家义务教育和普通高中课程方案规定的必修课程，与学科课程并列设置，是基础教育课程体系的重要组成部分。该课程由地方统筹管理和指导，具体内容以学校开发为主，自小学一年级至高中三年级全面实施，所有学生都要学习，都要参加。基于《指导纲要》，一些学校和教师在综合实践活动课程的具体实施上遇到了零实施、实施窄化和低效化等问题，不少学校进行了一定的探索和尝试，但整体效果并不乐观。因此如何有效地开展综合实践活动课程，是广大教育者亟待解决的问题。

项目式学习是以学生为小组单位，利用各种认知工具进行调查、资料搜集、分析归纳等最终解决某一复杂、真实问题的探究过程。学生在动手实践、思考内化和探索创新等过程中掌握知识、培养技能并能够将所学的知识应用到实际生活中。

其项目载体、任务驱动、学生主体、素质渗透等特点与"综合实践活动课程是学生自主进行的综合性学习活动，是基于学生的经验，密切联系学生自身生活和社会实际，体现对知识的综合应用的实践性课程"的课程特征有很大的共通性。另外，项目学习是一种综合性的课堂教学和学习方式。它遵循学生的认知发展规律，尊重学生的个体差异，倡导合作、探究、创新，提升学生发现问题和解决问题的能力。这与 2016 年 9 月颁布的《中国学生发展核心素养》，提出学生应具备的适应终身发展和社会发展需要的必备品格和关键能力，注重自主发展、合作参与、创新实践是有很大的契合点。因此，基于本校特色的种植类校本课程，笔者尝试运用项目式学习的教学方法，以《快乐的瓶子》这个主题进行开发和设计。

一、项目主题设计的背景

《综合实践活动指导纲要》中指出活动的设计要基于学生的经验，密切联系学生自身生活和社会实际，并能体现对知识的综合应用。而七一小学是北京市综合实践特色学校，种植是我校的特色项目，我校的种植活动已有七八年之久，现有种植箱200多个。今年春天，我们在种植箱平面种植的基础上，选取学校这艘船，想利用生活中的废旧瓶子尝试开辟立体空间种植模式，进一步打造绿色校园。为了强调活动的真实性，我们以打造"春之绿舟"这样真实的任务驱动，用多学科参与（科学、美术、数学等）、跨年级合作的大空间模式实施，由四、五、六,三个年级的学生合作完成设计、制作、装饰、育苗、组装、浇灌等任务，此次活动中四年级承担的是设计和制作种植瓶的任务。因此，"快乐的瓶子"这个主题就在这样的背景下产生。整个活动也是基于学校"大空间"学习探究以及小组合作学习而设置的。

二、项目式学习的教学模式

项目式学习是一种以学生为中心的教学模式，通过对复杂、真实问题的探究过程来完成一系列的学习任务，学生在此过程中能够通过精心设计项目作品、规划和实施项目等环节掌握所需的知识和技能，并能将所学的知识应用到实际生活中。在项目学习的教学中，教师既是指导者也是管理者；教师的工作是：通过引导学生的学习过程，帮助学生在项目中创造出不同凡响的成果；在学生收集数据和解决问题中遇到一些困难和挑战时，及时给予支持和指导；帮助学生制定项目进度表，及时纠正学生学习过程中出现的偏差；针对学生的差异采用不同的指导策略。项目学习中学生是主体，他们自主地参与学习，采用小组合作的方式，从设计方案到过程探究，在探究过程中学生可以扮演专家角色，自己做决断，管理自己的时间。在调查项目中，他们自己设计调查问卷、收集数据、创建图表、分析数据、制作汇报展示板、阐述他们的结论。

　　笔者以"快乐的瓶子"为主题，让生活中的废旧瓶子借助于学生的智慧、创意，完成一次绿色的快乐旅程，在学校的小船上扎根安家，并将其陆续建成一叶新绿舟。这个主题的实施年级为四年级学生，因此主题设计的教学目标及教学过程要考虑实施年级学生的学情。本校四年级的学生在美术课上学习过《给瓶子穿花衣》，已具备了设计图纸、裁剪装饰等基础。二、三年级参与过学校旧物改造的活动。另外，对四年级学生的课前调查中，89%的学生参与过环保的相关活动，95%的学生参与过废旧物品的改造，35%的学生家里有利用废旧瓶子养花种菜的经验。因此，笔者在"快乐的瓶子"这个主题中设计了"瓶子去哪了？""瓶子的变身之旅"和"瓶子在这里了"三个活动，在第一个活动中，主要是让学生对生活中废旧瓶子的去向进行调查、收集数据，并对其进行分析，得出一个初步的结论。在这个基础上第二个活动是孩子们用智慧和创意，对废旧瓶子进行变身，服务于立体种植活动；最终在学校的小船上扎根安家，将其陆续建成一叶新绿舟，完成一次绿色的快乐旅程。也就是第三个活动"瓶子在这里了"。

三、项目式学习设计的步骤

项目式学习设计步骤，如下图所示：

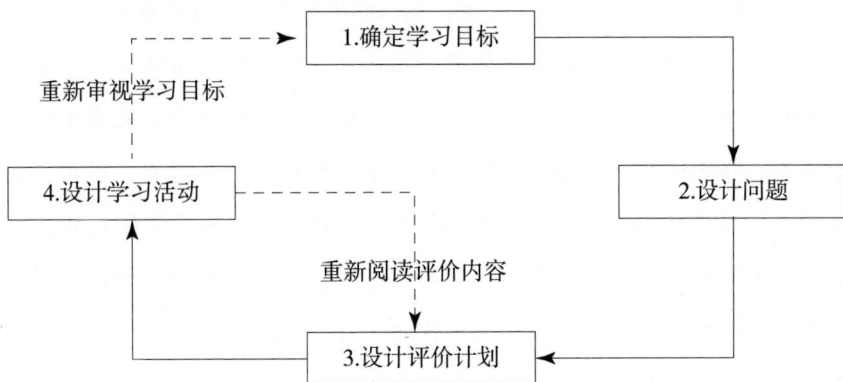

设计项目式学习时，首先要明确学生在项目学习之后应该知道什么、能做什么，再依据课程标准制定具体的学习目标，确保学生能深入开展有意义的学习。选择主题时，可以根据当前社会热点或学生关心的问题设置主题，但要避免用学科教学内容简单替代，要突出实践性、探究性，尽量依托参观、调研、制作、实验等形式，逐步形成学科内综合以及跨学科多主题的活动内容。

例如，"快乐的瓶子"这个主题就是在打造"春之绿舟"这样真实的任务驱动下，用多学科参与（科学、美术、数学等）、跨年级合作的大空间模式实施，实施年级为四年级学生，学时安排为5学时。制定的教学目标：（1）知识与技能目标：为废旧瓶子完成变身种植瓶的设计方案；（2）过程与方法：在学习过程中，发展设计、创意及综合考虑问题的能力；（3）情感、态度与价值观：在活动中形成自觉的环保意识，为学校增加绿意。

依据项目式学习的设计步骤，笔者的教学过程设计为下面5个环节：视频导入、发散思维研究讨论、建立认知作品设计、完成方案设计展评、回归生活。活动开始，笔者先以一段视频引发学生们的思考与认识，视频展示的是三个废旧瓶子的不同旅程，并深入形象地展示了由此带来的对环境和生活的不同影响，由此启发学生进行思考，改变瓶子的命运，开启新的旅程，带来绿色与健康，从而引出"瓶子的变身之旅"。（设计意图：在学生前期调查"瓶子去哪了"的基础上，继续延伸拓展，思考废旧瓶子、环境、健康与生活的关系，用"变身"代替丢弃，让瓶子快乐变身，也让环境与生活都快乐起来。）

项目式学习通常是从问题设计开始引入，所以问题是否能吸引学生、引发学生的时刻很重要。因此在研究讨论、建立认知这一环节，笔者以打造绿舟的任务、用递进式的问题、并通过实例展示，引领学生思考、讨论、归纳对废旧瓶子变身为种植瓶需要综合考虑的因素。在明确了设计目的的基础上，接下来学生进入了设计环节，此环节给予学生充分的研究讨论时间，通过学生间的小组合作，最大化地发散思维，综合意见，形成最具有可行性的方案，将改造瓶子的设计思路呈现在任务单上。任务单包括了绘制设计图、列出材料与工具、描述制作过程三项内容。

在项目式学习过程的多个环节都可对学习进行评价，如项目开始时，通过评估学生已经掌握的，教师可以了解学生的需求，从而为学生制订适当的计划，帮助学生吸收新的知识。在项目进行中，评价可以帮助教师和学生监测项目的进展情况，检查知识的掌握情况，鼓励合作和自主学习。在项目结束时，评价学生对项目内容的理解和技能的掌握情况，并对学习效果提供反馈意见。所有学习过程的评价目的是为了了解学生需要、鼓励学生有策略的学习和展示理解程度。在笔者设计的第4个教学环节中，学生完成设计方案后，进行展示和汇报。各小组完成了展示和自评之后，小组之间有一个互评。互评的标准为设计方案的实用性如何，是否适合用于种植？设计方案的创意性如何，想法是否新颖？最终作品的美观性如何，是否添加了简单的装饰？此环节评价表如下：

种植瓶设计评价表	
评价内容	评价意见
实用性（是否适合种植）	
创意性（想法是否新颖）	
美观性（是否有简单装饰）	
其他	

汇报展示后各组利用种植瓶设计评价表进行汇报，展示自评与他评，根据评价意见吸取别人的优点，改正自身不足，写出反思，教师进行总结，这种多元评价方式提高了课堂教学的实效性。

最后，完成种植瓶的装饰和美化，和高年级同学协作完成种植瓶的移栽工作，在实际中检验种植瓶的设计效果。

本项目主题虽是从生活中常见的小小废旧瓶子入手，却是一个完整的项目式学习过程，有设计、制作、有调查、有实地考察、有跨年级实施的实践操作。在此过程中的讨论、分析、归纳、总结等环节中，学生要用到美术、数学等多种学科等方面的知识和经验，学以致用，体现综合实践活动课程的目的。真实的任务驱动和问题解决给予了学生充分的信任，由学生自由想象，自行确定设计方案，为学生提供开放的个性发展空间；跨年级的合作实施将小组合作学习空间进一步放大，在活动中培养不同年龄段的学生合作、交流、分析和动手实践的能力。充分的信任、真实的任务、广阔的空间都给了学生充分的动力和助力。虽然在利用项目式学习时，还会遇到一些问题和挑战，但笔者认为在以后的研究中会进一步探索并解决。

（四）"小专家"走上"大讲堂"

我们经常带领学生"做事情"，杜威关于学习的经典论述让我们认识到，教育要想激发儿童的思维，就要"给他们一些事情去做，而不是给他们一些知识去学"。这是因为"做事情"必然伴随思考，会关注到事物之间的联系，学习就这样自然地发生了。做事情之后，需要为学生搭建分享的平台，"一元钱挑战城市生活"的孩子们在海淀区语文教研活动中展示自己的体验；"图书大讲堂""英语表演"是高年级同学为低年级同学提供的课程，更是他们展示的平台；"视频交流""文化箱传"为孩子们了解世界开辟了一个窗口；"数学好玩""酷玩科学"让喜欢科技的孩子有了探索空间……

【案例分享】

源于实践活动的语言表达

——听梁素霞老师指导的口语表达"车的世界"

（文/朱凤英）

我校第六周按计划进行习作指导课展示活动，第一学段老师将重点放在了口语表达上，梁素霞老师指导的一年级学生走进"车的世界"在情境中进行语言表达，有层次，有梯度。课堂上孩子们神情专注，兴趣盎然，给听课老师留下了深刻印象。

教学环节回顾：

第一环节，回顾第八单元的文本内容《车的世界》，出示两幅图，让学生说一说在单元学习中所认识的车。老师给了一个句式：我认识（　）车，它能（　）。学生在文本图画的帮助下进行交流，了解到城市、乡村常用车辆及用途。

第二个环节，展示同学们参观年级车展的图片。老师让学生说一说在参观时看到什么。学生看到活动图片，一下子活跃起来，有的说看到新媒体教室里有许多车，有大的，有小的，一排排非常可爱。还有的说，看到展板上贴着车的海报，是自己画的。老师又出示了一个句型：我看到（　）车，它能（　）。在自由表达的基础上，进一步规范学生的语言。

第三个环节，老师结合图片讲述了车的发展史，由过去的木头车轮，木头车架，到第一辆汽车的诞生；由吃煤的汽车到现在吃油的汽车。让学生从车的发展变化说一说感受。学生边说老师边归纳，"车型越来越漂亮""车速越来越快""交通越来越堵塞""空气污染越来越严重"。接着让学生想象：如果你来设计一辆车，会是怎样的？孩子们沉思片刻，开始交流分享。

第四个环节，观看视频"智能汽车"，动画片"龙猫车"片段。观看后学生总结出车的特点：速度快，能在水上划行，能在空中飞起来等等。接着让学生设计自己喜欢的车——"我的车我做主"，学生兴趣浓厚，富有想象力。下面是学生当时设计的车，五颜六色，形状各异，功能奇特。同学小组交流，最后全班分享。老师给出句式：这是我设计的车，它的特点是（　）。

学生课堂设计：

感受有两点：

1.拓宽学习活动空间，有体验的语言表达

《车的世界》是一年级下册第八单元的学习内容，开放单元。没有主体课文，只有两幅图，画面上分别是城市、乡村道路上来来往往的车辆，图下是车辆的名称。这种开放单元，不是以选文作为组合单元，而是倡导以生活为基础，树立学生在生活中学语文的意识。这无疑为老师和学生提供了广阔的创造空间。

梁老师上此课前，一年级语文教研组针对第八单元《车的世界》进行了一系列活动。活动一，问长辈了解车的名称、功能、简单构造及交通规则。结合文本内容学习，进行课堂分享。活动二，办年级小小车展，展示台分类展示着孩子们的玩具车模型；各班手工制作的纸质立体小汽车；孩子们画的剪贴的车的海报。活动三，了解车的发展史，设计未来车辆，进行口语交际活动。

本节课所展示的是第三个活动。基于前两个活动的体验，学生有表达的欲望。当老师让大家说一说在车展活动中看到了什么时，学生一下子活跃起来，有的学生兴奋地说看到大大小小许多车，看到自己的车也在里面。学生是带着情感进行交流的，语言表达是有味道的，有情景的。即使老师给了句式进行规范语言，学生说起来还是滔滔不绝的。

2.基于儿童兴趣，创设情景的语言表达

《语文课程标准》指出：口语交际"教学活动主要应在具体的交际情景中进行"。口语交际是在特定的环境里产生的言语活动。梁老师顺应儿童心理，结合学生的生活实际，巧妙地创设各种有利于学生语言交流的情境，使学生饶有兴趣地主动地投入语言交流中。第一次是基于文本看图说话；第二次是根据参观、动手制作的体验进行说话；第三次是用画图的方式设计自己喜欢的车，然后讲给同学听，在分享中进行言语表达。

三次言语表达训练是有层次和侧重的，重点在设计自己喜欢的车，这一环节，前两次是为了第三次言语表达服务的。梁老师用心一步步为学生搭建表达的平台，不局限学生的思维，先启发学生想象未来车的样子。在说的基础上，观看智能汽车和学生感兴趣的"龙猫车"动画片。然后创编设计自己喜欢的车，并讲给同学听。这种方式符合低段学生的特点，有利于激发学生的参与热情。孩子们设计出了海陆空汽车，喷着彩虹的婚车，形形色色多功能汽车，他们思维活跃，富有极大的创造力。在此情景中学生想说、乐说，并在交流中不断促进学生的观察、想象和表达能力的提升。

本节课教师抓住文本特点，不拘泥课堂，与学生生活紧密相连，采取开放、综合、多元的教学方式，激发学生积极主动地交流表达，让开放单元落到实处，让学生在言语交流中，思维大开，心情愉悦。

二、素描"七一课堂"

（一）教学理论篇

1. 从"时间不够用"现象谈合作学习的课堂中生成性资源的使用

（文／朱凤书）

七一小学的数学课堂倡导每节课围绕一个核心活动开展探究活动，再通过小组和全班的互动与分享清晰思路、明白道理、深化理解、提升认识。这种开放性的学习活动为学生自主的、个性化的数学学习提供了可能。但是，学生丰富的学习成果在分享过程中常常耗时长效率低，使得课堂教学任务无法按时完成。有时候孩子们一一展示自己"多样化"的算法，缺乏联系与沟通；有时候同样的内容被反复提及，浪费了课堂宝贵的时间；有时又缺乏层次，找不到关键……面对诸多的问题，作为老师的我们经常感慨"时间不够用""真是没有自己精辟的讲解、点拨更有效率"。因此探究课堂中利用这些资源的策略就显得特别重要。

这是一节一年级的数学课堂，学习十几减几，教师运用教材（北师大版）中"捉迷藏"的情境，让学生根据图中的文字、图片内容提供的信息了解到"一共有 13 位小朋友做游戏，有 8 个小朋友没有藏起来"，进而提出要解决的问题"藏起来的小朋友有几个"。解决问题时学生可能会提出不同的方法：13-8=？；13-（ ）=8；（ ）+8=13。教师聚焦 13-8=？出示学习单：

> 学习单
>
> 13-8=？
>
> 借助小棒、计数器等材料摆一摆、拨一拨，或者在学习单上画一画、算一算说清楚你是怎样得到 13-8 的结果的。

下面是全班分享的过程，为了清楚记录过程，本文中用"A、B"表示分享观点的同学，用"学生 1，学生 2"表示提问互动的同学。

分享小组 1

A：13 拆成 10 和 3，10-8=2，2+3=5。

B：我使用拨计数器的方法得到的答案是 5。先拨上 13，再拨去 10，在个位上拨上 2，就得到 5。

学生 1：为什么拨去 10 呢，拨去 10 这个计算就变成了 13-10+2 了，不是应该计算 13-8 吗？

B：因为拨上 13，个位不够减，减十位上的 10，多拨去了 2，所以要补回来。

教师板书：10-8=2，2+3=5，这种方法和 A 同学介绍的方法是不是一样啊？

【第一小组两个发言的同学语言简练、清晰，声音适当，能够结合自己的式子或者计数器表达自己的观点，这对于一年级的小同学而言是非常值得称赞的。在 B 发言之后，学生 1 能够迅速理解他的意思，并用算式准确 B 同学的思路，在他看来13-8和13-10+2是不同的，因此提出质疑。会倾听，会提问，这正是我们特别期待的能力。教师想在这里对这两种方法进行比较，找相同点，显然A与B的方法略有不同，学生1的质疑是对B同学的有力支持，可惜教师没有充分利用。】

分享小组2

C：我用画图的方法，13-8=5　　○○○○○○⦅○○○○○⦆

教师：圆圈表示拿走了是吗？我看很多同学是这么做的。

C同学又讲了一遍自己的方法。

【C同学用小圈圈代表参加游戏的小朋友，圈出8名没有藏起来的小朋友，得到藏起来的5人，借助符号研究数学问题，思路清晰表达流畅。】

分享小组3

D：我是用摆小棒的方法……（声音很小，学生表示听不到）

D又讲一遍，学生仍然表示听不到。

D讲第三遍，终于有同学通过摆小棒的过程看明白了。

学生2：我看明白了，我替她来讲，13根小棒，先拿出1捆也就是10根，去掉8根，剩下两根，和3合起来是5。

教师：这个方法和第一组分享的方法是一样的。

【D同学不知为什么声音小到第一排的同学也听不到，老师给了她三次机会，用去了4分钟的时间，都没有改善，一方面我很佩服老师的耐心，另一方面也希望教师适当调控，用课余时间了解孩子声音小的原因以便有针对性的帮助。孩子班级里其他孩子一直很专心，很耐心观察她的操作。这里教师的总结"这个方法和第一组分享的是一样的"没有任何作用，对一年级的小孩子来说，他们不知道第一组的方法是哪个，也不知道他们到底哪里一样。】

分享小组 4

E：（边摆小棒边说）13 先减去单独的 3，剩下一个十，也就是 10 个 1，再减去 5 就是 5 了。

F：摆出 13 根小棒（13 个 1），一根一根拿走 8 根，剩下 5。

【E 的方法是拆减数，边摆边说，很有条理。F 的方法和 C 的圈圈图思路一样。但是 F 这种摆法又引起孩子们的争论，有同学认为摆成 13 只能用 1 捆和 3 根表示，有人认为用 13 根摆也是可以的……一直争论到下课。】

这节课中全班分享的环节一共用了 22 分钟，共有四个小组与全班同学分享学习成果，学生谈到的 13-8 的计算方法涉及预设中的方法 1（第一、三小组提供）、方法 2（第四小组提供）、方法 4（第二小组提供）和方法 5（第一小组提供）。长达 20 多分钟的交流中，孩子们随机展示自己的方法，同一个小组会介绍不同的方法，同一种方法也会被不同小组不断讲述，孩子们能够畅所欲言，能够清晰表达，能够认真听、仔细看，还能够在理解的基础上提出自己的困惑，这些能力都是每节课的悉心培养的结果。

根据这个片段，我们进一步反思，希望能够就教师如何组织协调学生的学习资源有进一步的思考。

第一，教师对于所涉及的学习活动有充分的预设是教学目标达成的重要前提。

对于这个学习活动，学生会有以下方法：1. 拆被减数的方法；2. 拆减数的方法；3. 利用加法的结果算减法；4. 一个一个减的方法；5. 减 10 补 2 的方法。每一种方法又有不同的学习材料可以辅助讲解，这些在孩子看来都是不同的方法。教师需要考虑如何利用如此丰富的资源，怎样进行整理、归类、提升甚至删减，以保障课堂学习的效率。

例如，可以改变学习活动设计，把让学生找"13-8"计算方法的活动转化成提供几种方法的操作画面，让学生猜一猜这些小朋友是怎样得到结果的。这样的设计一方面有利于学生解读他人的想法，另一方面有利于学生对这些方法进行比较、分类，更重要的是在班级分享的环节有序可循，避免交流中话题的不断更换以及重复现象发生。

再例如，在分享的过程中可以鼓励孩子们用公式记录操作的过程，以便于寻找不同学习材料操作背后的相同思路。

还可以由某个同学分享的某个方法为载体，请同样思路但材料不同的同学补充，充分感受材料不同、思路相同的神奇。

第二，教师课堂上的示范作用和干预作用需恰当发挥。

在合作学习的课堂上，教师示范与干预的过多不利于形成开放、自由、安全的氛围，如果放任不管，不仅无法保障课堂的效率，对学生诸多社会技能的形成也没有好处，因此，教师适当的示范和干预就显得尤其重要。本节课中，小女孩声音很小，教师可以示范给她看，鼓励她尝试改进。在课即将结束时一个学生纠缠于 13 根小棒到底摆成 13 个 1 还是 1 捆和 3 根时，教师可以通过转移话题的方式避免没必要的关于"是与非"争吵。例如，可以提出："同学们在探索 13–8 的过程中，有的同学把 13 看成'13 个 1'解决问题，有的同学把 13 看成'1 和 10 与 3 个 1'，谁能借助材料讲一讲两种不同的看法。"

第三，教师学生独立学习和小组交流的过程中要了解学生学习情况。

教师在学生独立学习时，通过巡视要基本了解预设中的几种方法被使用的情况，还有哪些预设外的资源可以利用，学生遇到什么困难，在什么时机进行指导等等，为分享环节的组织协调做好准备。这个环节也是教师当堂备课活动。

当然，时间不够用如果是因为学生表达能力不够或者教师的目标太多造成的，就需要教师耐心培养孩子们的表达能力、倾听能力或者适当减少课时目标，不计较一个 40 分钟暂时的得失。

2. 点、线、面，让核心素养落地

（文 / 李勇）

2014 年教育部在《关于全面深化课程改革落实立德树人根本任务的意

见》中提出了"核心素养"一词，引起整个社会广泛关注，专家和老师们纷纷开始了对"核心素养"的研究与诠释。"发展核心素养，构建精彩课堂"也成为我们每个一线老师的追求。但是，核心素养太高大了，我们每天的课堂就是完成一些知识点的学习而已，这样平凡的课堂真的能实现高大上的"核心素养"吗？核心素养太神秘了，专家们众说纷纭，到底什么是小学数学应该承载的核心素养，一直也没有一个统一的说法……

在我最困惑的时候，写过一首小诗：

核心素养，你在哪里？

你是那么的高大，你的位置在天上。

我是这么的渺小，我的工作在课堂。

我努力想了解你，可是你那么神秘。

我拼命要够到你，可是你遥不可及。

核心素养，你我相距千里万里。

你悬在天空，我站在平地。

假如给我神力，我想搭一架天梯……

面对这个困惑，我苦思冥想了很久，追寻了很多，课堂实践了很久。借助小组合作学习这一教学方式的变革，我在课堂实践中，终于看到了曙光，逐渐明白如何在我的课堂上发展核心素养了。那就是：点、线、面，让核心素养落地！

首先，我们从一个小点出发。比如北师大版五上《分数的大小》，在教材当中，是再小不过的一个小知识点了。就算教师直接告知学生："利用分数基本性质，把异分母转化为同分母再比大小。"学生也可以学会。面对这样一个小点，我们怎样让它承载核心素养呢。在这个内容的课堂实践当中，我力图把这个小知识点做充分，采用了一个策略就是开放。让孩子面对这个知识点的时候，用开放的思维、开放的心态去解决。让课堂呈现出解法的丰富性。这些丰富的策略，会成为一条思维的线。

这样就实现了由点到线的发展，但形成策略线还不是我们的最终目标。

因为策略的丰富性，也许只是因为人多所以方法多。策略线的形成，给学生提供的也仅仅是一个方法多样化的经历而已。我想，这还不够。我们还要追寻什么？我们要寻找每一种策略背后的价值是什么？通法通理是什么？数学思想是什么？然后，把策略线背后的数学的核心素养，例如数学表达、数学观察、数学思考……这些都一一呈现。这样，策略线向上生长，就形成了数学的核心素养的面，看似远不可及的核心素养就可以落地了。

从线到面怎么实现呢？在小组合作学习的课堂教学中，可以通过全班汇报，用分享、互动、交流、评价等方式实现。其中第一步是分享，一个小组上台展示他们的多样化策略（一题多解），然后该小组与下面的几个组进行互动和交流。在生生互动中，学生解释、补充、反问、批判、质疑、争论……就会逐渐指向知识的本质，指向数学的核心素养。老师的作用，就是评价。通过适时适度的评价，促进点到线、线到面的发展。

由此可见，核心素养其实不在天上，而是在我们的课堂中，在每个学生的头脑里。理性思维是核心素养，批判质疑是核心素养，勇于探索是核心素养，就算学生成年了，把很多公式都忘记了，他们却深深记得这些核心素养。我们教师要做的，就是抓住知识的本质，启发学生思考，让学生在掌握知识技能的同时，感悟知识的本质，积累思维和实践的经验，形成和发展核心素养。

现在，我有了这样的感悟和理解，就可以把我的小诗续写了。

核心素养，你在哪里？

你既不高大，也不神秘，

更不用搭什么天梯。

你在人们的交流中，

你在人们的脑海里。

寻寻觅觅，

原来你就在这里。

……

（二）教学策略篇

1."海"字瓦当创作

（文 / 张京峪）

"兴趣是最好的老师"。通过瓦当知识的引入，学生了解瓦当不仅具有保护建筑更加牢固和美观的实用价值，同时更以其千姿百态的图案、丰富的文字信息，承载着绘画、书法等中华传统文化，属于中国特有的文化艺术遗产。同学们欣赏了瓦当及拓片，尤其是西汉中期出现的文字瓦当，文字属于篆书，线条在刚柔、曲直、方圆、疏密、倚正等诸多方面都达到了高度的和谐，或方峭，或流美，浑然天成，为西汉书法之珍贵遗存，学生能够欣赏小篆的艺术美，领悟小篆书体的结构、线条特点，感悟中国瓦当艺术的独特魅力，激发学生学习瓦当篆刻艺术。

郑和七下西洋将中华文明传播海外，作为七一学子，学校又具有浓郁的海军特色和悠久的历史文化，学校的育人目标定位于"培养拥有海洋情怀和国际视野的世界公民"。本节课学生通过进行"海"字的瓦当创作，在继承传统瓦当的学习上又有创新，体现七一小学的海洋情怀与开放的视野，也是继承与弘扬中华传统文化的一种学习体验。

通过主会场的参观，明确主题。导入课程，了解独字瓦当"字形圆而饱满"的特点。

教师谈话导入："通过参观、学习，关于瓦当你都了解了哪些知识？"引导学生独立观察，自己发现瓦当的相关知识。再带着问题观看综合实践李老师的微课介绍，详细了解瓦当的历史发展、不同种类，瓦当不仅具有很强的实用功能，还有很强的艺术价值。

接下来，小组汇报学习单的第一题，由小组四人分析、辨识小篆文字，汇报独字瓦当在圆这一特定范围内以圆就势，促长行短，尽量体现形体的伸展力度的特点，带领学生掌握独字瓦当"字形圆而饱满"这一教学重点，教师适时出示板书——字形圆而饱满。

　　回顾与赏析，掌握瓦当中的字"结构、用笔富于变化"的教学重点。

　　首先，教师提出问题"瓦当中的字都有什么样的寓意呢？"带着问题欣赏课件中的瓦当文字并思考。学生通过识读实物瓦当图片"长乐未央""亿年无疆"，还有民居中的"寿"字瓦当，发现瓦当中的字词大都是吉语，并且广泛用于民间，感悟传统文化与我们的生活息息相关，提升文化素养，这也是对瓦当内涵理解的一个提升。从而引出"今天我们选取什么字来创作一个独字瓦当呢？"的问题。

　　学生基于平时对学校的热爱、对学校各项海洋特色的设施的布置的观察、学校海洋文化的教育和海洋文化内涵的理解，多数学生都提出用"海"字来创作，最能体现七一小学的海洋特色和海洋文化。引出本节课的课题——"海"字瓦当创作。

　　接下来，回顾小篆"海"字，通过认真观察，同学们发现几位书法家书写各有特点——课件演示引导学生一起回顾小篆"海"字：有的字线条圆滑流畅、有的外方内圆、有的会适当延长或缩短笔画，还有的字形变化较大。

　　学生回顾了"海"字小篆的变化的几种方法，在此基础上小组观察讨论篆刻家篆刻的"海"字有怎样的变化。这个过程是学生的自学自悟、互相研究的过程。通过小组汇报、分析，学生发现篆刻的"海"字变化更为丰富，不仅体现在用笔、笔画的长短上，结构上有更多种变化。在学生发现并提出有一个小篆"海"字，由左右结构变为上下结构时，教师应给以正确的点播，并解答书法中的位移。学生通过观察、讨论、思辨，体会用多种方法探究问题，书法知识、艺术素养得到提升的同时，教师引领学生总结出小篆"海"字结构用笔富于变化的特点，适时出示板书，帮助学生总结学习重点。

　　教师示范点播，学生课堂实践进行瓦当的设计与制作。

　　教师在石膏上进行瓦当设计的示范：铅笔单钩初步设计，以圆就势，促长行短；毛笔书写中锋用笔，匀圆劲均匀，基本定稿。

　　学生读完实践步骤与要求，选择自己喜欢的篆字，先铅笔在石膏上初步依圆形进行小篆"海"字单钩设计，在传统小篆书体上进行创新，这种自主学习既培养了学生认真读帖读字的能力，发散了学生思维，又培养学生学习书法的浓厚兴趣。老师其间巡视指导，力求书写饱满，笔画能够适当的延伸或缩短或变形，学生修改后用毛笔书写基本定稿。最后学生进行碶刻，完成作品。

作业展评，激发学习兴趣与热情。

学生依据板书的教学重点，也就是评价要素"字形圆而饱满；结构、用笔富于变化"，展开作业评价。学生可以自评、他评、集体评议。学生在评价时能够取长补短，提升欣赏水平，以促改进。学生作品总体效果较好，大多数同学掌握了独字瓦当字形圆而饱满的特点，在设计时能够将小篆依圆就势的适当改变笔画的长短，结构和用笔上也力求变化，创作出了很多佳作。

最后老师进行活动总结，激发学生热爱祖国的海洋，热爱传统文化，弘扬传统文化艺术的热情。

思考：

1. 书法是以线条造型进行艺术表现，创作的形式非常丰富，探究瓦当篆刻艺术，学生提高欣赏书法作品的能力和审美情趣，激发学生学习书法的兴趣。

2. 通过学习，学生了解了瓦当相关的知识，欣赏瓦当艺术美，增强学生对传统文化的认同感，以及发掘身边传统文化资源的积极性。

3. 学生在学习中深入了解瓦当中"小篆"书体字的结构与特点，提高主动探究的学习能力。

4. 学生有很强的小组合作学习能力，能够提出问题、并自主合作探究解决问题；还有很强的观察、赏析的能力，掌握独字瓦当字形圆而饱满的特点，并用小篆"海"字进行瓦当设计，结构、用笔富于变化并有新意。这也是本节课的教学重点，本课能够立足教学重点进行设计与学习。

5. 学生能够紧紧围绕独字瓦当"字形圆而饱满；结构、用笔富于变化"

这两条特点进行评价，学生能够正确地评价自己和他人，评价合理，在评价中取长补短，互相提高，提高了审美水平和审美意趣。

2. 聚焦思维，品味文章的"关"与"联"

（文／王晶晶）

《小学语文课程标准》总目标中谈道："在发展语言能力的同时，发展思维能力，激发想象力和创造潜能。逐步养成实事求是，崇尚真知的科学态度，初步掌握科学的思想方法。"美国全国教育学会在《美国教育的中心目的》一文中，也曾指出："强化并贯穿于所有各种教育的中心目的——教育的基本思路，就是要培养思维能力。"可见，思维能力的培养对学生的发展至关重要，因为这关系到人的可持续发展。作为与"思维"息息相关的语文教学活动，更应该在培养和发展学生思维能力上发挥重大作用。所以，在设计本节课时，我把重点放在了培养学生思维能力上，透过文字，读出背后的思维价值的目的。通过读中感悟厘清文章中段与段，句与句之间的关系，培养学生逻辑思维能力和想象力，实现语文新课标中思维培养的目标。

《不用文字的书和信》是北师大版小学语文第五册第十一单元的一篇主体课文。课文具体介绍了创造文字之前，人们记事的方法和通信的方法。从内容上看，"不但如此……"把课文分为两个部分，第一、二自然段重点诠释了不用文字的书，第三、四、五自然段则介绍了不用文字的信。作者写作思路层层递进，逻辑严密，无论是介绍"结绳记事""贝壳记事"，还是后面的"实物通信"都透出了古人善于"联想"和把握事物之间的"关联"。

课文篇幅短小，语言朴实、自然、严谨。作者在介绍记事、通信方法的时候穿插了一些事例，使文章读起来更加有趣味。

三年级上学期的学生已初步学会抓重点词句理解课文的方法。但是根据学生现有的学习进度，《不用文字的书和信》是学生接触的第一篇说明文，而且文本内容远离学生生活，学生对文本具体的细节与过程以及作者的写作思路、方法较为模糊，容易陷入"一知半解"的状态。

因此，教师分别从词语掌握、内容理解、文章特点对学生进行了前测：

（1）对"历""厉""状""壮"等形近字的辨析。（基础知识）

（2）课文向我们介绍了哪些不用文字的书和信？（整体把握）

（3）课文中第二自然段中说"一条穿着好些贝壳的带子，在他们看来，就是一本书。"你能结合贝壳，试着讲述其中的故事吗？（思维能力）

通过前测分析，我们发现如下问题：

（1）词语练习中"历"与"厉"以及"壮"与"状"的区分上存在一定问题。

（2）学生对文章内容整体把握的能力有待提高。40人中仅有不到10名学生清晰地看出文章中"书"和"信"这两部分结构。这说明处于三年级第一学期的学生整体把握课文的能力比较弱。因此，我通过"思维导图""表格梳理"等多种方式，帮助学生从整体上把握课文，了解内容，训练能力。

（3）关于文章特点，三年级学生具有一定的联想能力，通过前测和访谈我们发现学生在此能力上差距比较大。问题普遍出现在：联想不合理、能展开联想但缺少关联的能力、语言表达不够完整或者过于笼统的一些现象。这说明学生合理联想的能力和相互关联想象的能力有待提高。究其原因有如下两点：一是平时联想能力方面的训练没有得到应有的关注；二是学生与那个时代的距离遥远，提高了一定难度。

因此，我设计的学习活动是：

（1）整体感知，聚焦思维。

思维导图展示，帮助学生回顾、梳理课文内容。

在展示思维导图时，我发现学生们很有兴趣，乐于并善于表达自己的想法，这应得益于长期以来我校校本教研的优势。很快学生就利用丰富多样的思维导图梳理了课文内容，既发展了学生的思维，又清晰明了地掌握了课文脉络。

（2）精读课文，探究思维。

> **自学提示**
>
> 1. 默读第一自然段，用""画出：古人是怎样用绳结来记事的？
> 2. 抓住一个重点词与同桌说一说你的想法。

在小组汇报时，我发现学生对于"大小不同"这个词，理解的比较透彻，而对"形式各有区别"这个词，大部分孩子只能说"活结记录的是重要的事，死结记录的是不重要的事"，并没有读懂"形式各有区别"对应的是"属于什么种类"。在进行小组交流、全班分享后，大家的认识仍然没有什么提高。我意识到，课前预设的活动与学生认知水平之间有"差距"。该怎么办呢？我想给学生一个自我突破的机会，于是引导学生回读课文，提出不懂的问题。幸好一个学生对"形式""种类"这两个词语进行了提问，学生用词典和手中的资料卡理解了关键词，才厘清了一个形状就会记录一类事情的联想关系（如：三角形绳结记录打猎的事，圆形的结就会记录另外一种事）。

让学生抓住重点词，品读文章，初步感知古人的智慧，认识到绳结和事件之间是有联系的，古人是抓住绳结与事件之间的相似点，进行联想来记事的，从而培养学生的思维能力。接着，通过图片和事件之间的关系，帮助学生想象，锻炼学生的逻辑思维，为学生创造生动的学习情境，培养学生的表达能力，让学生在大胆的猜测与印证中，了解到抓住事物之间的相似点来进行联想要合情合理。

（3）创编故事，发展思维。

学生已经认识到古人是有智慧的，并体会出古人的智慧表现在思维的联想与关联上。创编故事就是让学生学以致用，将课上所学的联想、关联的思维方法应用在创编活动中，既锻炼了学生的逻辑思维，又培养了学生的表达能力。

反思：

巧用思维导图训练学生的概括能力。

思维导图是培养学生思维能力的重要方式之一，学生绘制思维导图的过程就是帮助学生了解课文内容的过程，在本节课上课初始让学生展示自己的思维导图，回顾课文内容，感知结构，引导学生利用丰富多样的思维导图来梳理课文梗概，既发展了学生的思维，又清晰明了地掌握了课文脉络。

抓住文本特点激活学生思维能力。

这是一篇说明文，语言表达准确、严谨。因此，在教学时教师引导学生抓住"大小不同""各有区别"等关键词，让学生在品词品句的同时，进行想象，帮助学生发现古人是抓住绳结与事件之间的相似点，进行联想来记事的，从而培养学生的思维能力；此外，通过对比"书"和"信"的不同，引导学生发现四样东西与信件内容、情感之间的必然联系，认识到古人是运用了"联想"和"关联"的思维方式，写出了一封内容具体的信。在这一过程中，学生的思维也变得更有逻辑。

创设表达情境培养学生语用能力。

三次创设情境有层次地培养学生的语用能力，一是巧用书中插图想象"父子结绳"的情景；二是借助形状、颜色、大小不一的贝壳，让学生构建故事情景；三是联系现实生活，让学生利用微信图标表达自己的内心活动。由借助文本材料到独自创编故事情景，内容由浅到深，让学生在观察、思考、发现中，既培养了学生的思维，又训练了口语表达能力。

可以尝试以下策略：

（1）本课通过在开始的词语复现环节再次巩固易错的生字词。

（2）初读课文后，通过"思维导图""表格梳理"等多种梳理方式，帮助学生从整体上阅读课文，了解内容，训练能力，体现个性理解。

（3）教学过程中，我们尊重文本特点，抓住文中的重点词和重点句进行品读，循序渐进地进行"联想"和"关联"能力的培养，提升学生逻辑思维能力。

（4）结合课文内容，创设语境，提升学生语言运用的实践性和创新性，提升阅读能力的同时关注语言的实践和运用。

（三）学生活动篇

1. 学科实践的课堂，学生展示的舞台

（文 / 谢海红）

英语学科实践活动体现的是学生用语言做事情，是语言实践与运用的过程。这个实践活动不是某一节课完成的，是基于单元教学，整合单元内容，强调实践性、探究性的、开放性的单元目标。从生活实际出发，落脚点是解决生活中的问题。在英语组开展的各年级学科实践展示活动中凸显了实践性和开放性。

回归生活本身，体现实践性。

一年级姚耀老师《Clothes》这一单元的实践课，结合学生的年龄特点设计了六一儿童节"服装秀"活动，伴随着时尚的音乐，学生款款走上舞台，介绍自己喜欢的服装及颜色。对于一年级而言由于语言的积淀较少，如何开展学科实践是个难题，但是一年级的老师们巧妙的结合生活实际，帮助搭建学生展现自我的舞台，无论男生还是女生都表现得积极踊跃、落落大方。

四年级陈翔老师《Countries》这一单元的实践课，整合了单元的内容，以推选出受欢迎的旅游国家为真实的任务，学生自己选择国家结合成小组，课下收集资料、制作演示文稿、排练展示过程；课堂上向大家展示推荐理由，有从景点入手的，有从美食入手的，还有的从历史文化入手，有唱歌的、跳舞的，还有现场竞猜的。40分钟的课堂，教师只是介绍了活动目的，下发评价推荐表，组织学生上下场，将讲台留给了学生，就连每个展示后的提问与评价也是学生自己完成的。最后根据每组的推荐展示，个人把"笑脸"贴在自己喜欢的小组展示招贴上。

课下随机采访了几个学生：

"展示材料是老师给的吗？"

"不是，是我们确定内容后自己找的。"

"喜欢这种形式吗？"

"超级喜欢！"

"什么时候练习"

"课间呀，有时写完别的作业向老师申请。"

采访了授课老师：

"这么多学生，怎么指导？"

"分成小组，同年级老师每人指导 2~3 个组。"

"学生练习的过程很长吗？"

"两周的时间，他们很积极，主动来找老师。"

这也许就是实践课的意义所在，结合学生生活实际，体现实践的过程与目的，带给学生的是主动思考、综合运用、彰显个性。

结合单元主题，体现开放性。

五年级杨琳老师开展的是五年级五、六单元两个主题实践活动，学生将单元、交际用语、文化背景、短文故事进行整合，以课本剧的形式开展语言实践活动。每个课本剧凝聚了小组成员的智慧，重新编剧、设计表演、准备道具，生动形象地诠释了《Last Weekend》和《Summer Vacation》这两个主题的主要文本和语言。学生以这种形式展现了对单元的理解，以及对语言的综合运用。学生的选择是开放的，思维是开放的，运用是开放的。

学科实践，是以提升学科素养为基础的。就英语学科实践活动而言，其出发点和立足点都是"语言的实践性"，即在实践中学习语言、在实践中运用语言。开展学科实践活动，仅靠某位老师的力量是不够的，它应该是年级的集体行动，需要年级整体规划，制定出可行的实施方案，是基于学生生活经验的语言应用。

英语学科实践活动的开展，为学生搭建了展示的舞台，让学生掌握了语言，收获了快乐。

2. 儿童数学基本活动经验和数学基本思想的启蒙探索

（文 / 王真）

学期伊始，我迎来了工作以来的新挑战——第一次执教一年级数学。执教中高年级数学的教师都知道，中高年级的学生无论在数学基础知识、基本技能，还是在基本活动经验甚至是数学基本思想方面，都有了不同程度的积累，这时需要我们为学生提供适合的、有利的脚手架，以此来帮助孩子在各个方面实现稳步的发展和提升。面对着刚刚 6~7 岁新入学的儿童，我一直在思考，孩子们到底具备了哪些基础知识呢？我应该为孩子们提供怎样的脚手架才是适合的？

经过了近两个月的学习，我欣喜地发现，孩子们在低年级所要学习的数学知识方面往往具备较好的基础，这与他们所接受的学前教育、家庭教育以及校外教育有关，在其他方面则相对较弱。因此在课堂学习活动中，我们一年级数学组经过教研达成共识，要给孩子尽量多操作学习和游戏学习的机会，既符合孩子们的兴趣和年龄特点，另外在这个过程中孩子们的基本技能也可以形成一定的积累。

孩子的学习可以说一天一个样，越小的孩子，甚至每天都有新的变化。看着孩子们一点一滴的进步，我又开始思考一个新问题：难道一年级的孩子就没法拥有数学基本活动经验甚至是数学思想的渗透与积累吗？如果我们一直觉得他们没法理解，不尝试去搭建一些脚手架，我们的孩子什么时候才能开启这些积累呢？其实我们所尝试的数学好玩游戏教学已经帮助孩子积累了一些数学基本活动经验，孩子们操作得非常高兴，但是在中高段待习惯了的我总觉得好像数学的味道淡了一些，方法和数学思想的渗透少。就在我冥思苦想的时候，整理 10 以内的加法表这节课引发了我的思考。

"整理加法表"是学生在学习了北师大版小学数学一年级上册第三单元10 以内的加减之后的一节课。如果只是让孩子们按照提示把空着的表格填上，再观察规律，做做练习，我总觉得这节课就平淡的少了些味道。决定做这顿"大餐"之后我开始翻看各种"食谱",寻找"原材料"和"佐料"。

这节课不仅仅是复习 10 以内的加法计算,更重要的是让学生体验、经历一个整理的过程,让他们从小就培养喜欢探究,善于发现规律和归纳、概括的能力,以及合作意识。对于刚入学两个多月的孩子,如何培养小学生有较好的合作意识和操作能力,对老师来说无疑具有挑战性。因此我想,不怕让学生动手去活动,关键是我要给学生提出明确的要求,并细化小组合作的流程,然后再让学生自主探索,合作交流,动手实践,才能有效促进学生的合作意识和操作能力,帮助学生真正地成为学习的主人,从而达到我所期望的给学生渗透甚至是积累数学思想和基本活动经验的目的。

要做好脚手架可没那么容易,在组内一次次讨论之后,集思广益,最后定制了表格,为孩子们制作了算式卡片,又在一次次说课的过程中明确了每个环节的目标与操作要求,最后怀着忐忑的心情,我带着我的小豆包们,上课啦。

课前活动一:10 以内加法开火车。

课前活动二:把黑板上的加法算式分分类。

【设计意图】在分类过程中体验可以按照结果把加法算式进行分类和排队,还可以按照加数的形式把加法算式进行分类和排队,渗透接下来要进行整个加法算式表的设计所用到的方法经验。

核心活动一:按照什么标准给这些加法宝宝排队呢?

【设计意图】借鉴课前活动二的方法,明确整理大的加法算式表时可以按照的标准。

核心活动二:四人一组,确定好你们排队的标准。

【设计意图】在动手操作之前,四人达成共识,进一步明确本组要采用的排队标准。

核心活动三:四人合作把所有加法宝宝贴在表格上。

【设计意图】在明确了排队标准后,四人一组,通过合作,把所有加法算式摆放在表格中。既培养学生的创新意识、动手操作能力,更培养学生的合作意识，有了统一的标准四人一起贴是最快的。有问题要及时讨论、调整。

核心活动四：一起来交流。

我们是这样来排队的……

【设计意图】培养学生的语言表达、交流和倾听、提建议和接纳建议的意识与能力。

核心活动五：你发现了什么？

横着观察，竖着观察，斜着观察，你都发现了什么？

【设计意图】培养学生的观察能力，能够有规律、有顺序的观察和思考，同时渗透函数思想。

猜一猜游戏活动：我拿走了哪个算式？

【设计意图】灵活运用本节课探究的知识解决问题，在猜一猜的游戏中进一步巩固所掌握的知识。

课后：下课铃响了孩子们还意犹未尽，一节课上孩子们忙得不亦乐乎，不停地讨论着、争论着、调整着、交流着、互相鼓励着、笑着；一节课上老师忙得不亦乐乎，不停地被呼唤着、解释着、帮助着、引导着、默默欣赏着；听课的老师们被课堂上孩子们的妙语连珠、最质朴的思考和语言表达、最童真稚嫩的动作逗乐着。我们对于课堂对于学习的思考，也还在继续着……

（四）教师专业篇

1. 用音乐焕发生命的活力

（文/孙宇）

走进音乐教师田雨的课堂，一曲少数民族歌曲《乃呦乃》，一次带孩子走进音乐的历程，一个焕发生命活力的课堂。这是二年级的音乐课，教师为学生训练三声部合唱，从歌曲中选取音符，将孩子们一下子带入音乐的情境。孩子们跟着田老师一起体会着音高，节奏和合唱的感觉。顿时，教室中充满了音乐的交响,孩子们的歌唱进入时间不同、各组的音高不同、演唱的节奏不同,这对于二年级学生来说不可思议,但是田老师的课做到了。这样的和声效果,不得不让在场的教师赞叹,纷纷给出了热烈的掌声。

最精彩的部分在于教师在课堂上充分激发学生学习音乐的兴趣,引导学生充分参与歌曲的演唱和表演,将孩子们的热情和对音乐的感觉焕发出来。课堂上,孩子们围成圆圈,和着音乐的节拍,边唱边舞,教师与学生一起享受着音乐带来的快乐。

我认真观察孩子们的表情,每一个孩子都陶醉在音乐的欢乐中,孩子们在民族音乐的气氛中,用歌唱表达着心中的愉悦,孩子们用表演的形式将歌曲的意境和情感表达得淋漓尽致。

田雨老师一直在研究奥尔夫音乐教学法和柯达伊教学法,用全新的理念开发学生对音乐的感觉,不断培养学生的音乐素养。柯达伊曾撰文指出:"音乐教育为塑造未来公民的优秀文化素质所能起到不可替代的作用。没有其他的学科能够像音乐那样在身体方面和精神方面为孩子们造福。"柯达伊主张"儿童音乐教育的重点不应放在理性上,而应放在感性上",才是符合音乐艺术规律和音乐心理学原理的。

在这样的课堂中,孩子们始终沉浸在音乐的氛围中,在不断歌唱和表演中焕发着生命的活力。而田老师,正是和孩子们一起走着一段难忘的音乐历程,与孩子们一起焕发着光彩。

田老师的教学理念和风格,深深影响了她的徒弟赵子威老师。在《匈牙利舞曲第五号》的音乐欣赏课中,赵老师全身心投入,与孩子们一起一次次走进音乐,体会作者勃拉姆斯创作曲子的情感。孩子们跟着赵老师随着音乐的情绪时起时伏,用形体展现着音乐各乐段的不同风格,孩子们在音乐中和着乐曲指挥着、律动着,沉浸在乐曲的情绪中。老师和孩子们一起在这首乐曲中度过一段精彩的生命历程。

这一对师徒的教学风格极为相似,也许源于师傅对徒弟的熏陶与感染,然而更多的是他们对于音乐教育的理解。

首先，他们关注学生的学习兴趣。兴趣是音乐学习的根本动力和终身喜爱音乐的必要前提，在教学中，教师根据学生的身心发展规律，以丰富多彩的教学内容和生动活泼的教学形式，激发学生对音乐的兴趣，不断提高音乐素养，丰富精神生活。

其次，他们关注音乐学科特点。音乐是听觉艺术，学生需要通过听觉活动感受与体验音乐。音乐又是一门极富创造性的艺术。教学中不断开发学生的创造潜质，教学活动中，设定丰富有趣的活动发展学生的想象力，培养学生的音乐素养。

最后，他们关注学生的发展。教师能够以学生为学习主体，师生互动，将学生对音乐的感受和音乐活动的参与放到重要位置。鼓励学生积极参与到音乐活动中，用生动活泼的教学形式，为学生的音乐才能发展提供空间。

"为学生的美丽人生奠基"，在七一的音乐课堂中得到体现，孩子们的生命活力在这里得到焕发。看到了孩子们在课堂中的笑脸和激动的目光，更看到了孩子们由于具有较高的音乐素养而展现出来的对音乐的理解与感受。孩子们合唱和表演《乃呦乃》的场景；孩子们在欣赏《匈牙利舞曲第五号》时的身体律动的样子不断出现在我眼前。七一小学学生的艺术气质就是在这样的课堂中不断形成的，艺术气质将带给孩子们一生的幸福。

2. 简单的背后

（文 / 朱伶俐）

小组合作学习在我们七一小学的英语课堂已经实施了四个年头，我们每一位英语老师都在不断地摸索着这种教学模式与英语课如何的完美结合。作为三年级小组合作培养的起始年级，彭娟老师的《Unit3 Food》一课让我们看到了润物细无声的合作学习模式培养，简单的课堂环节背后沁透着老师不平凡的常态教学基本功。

教师简单的语言，给学生更多思考的空间。

这节课是使学生掌握七个关于食物的词汇并会表达自己及询问他人是否喜欢某种食物。上课伊始，彭老师就用非常吸引人的关于食物的歌曲视频导入，激发学生的已知将学生很快带入本课主题。随后教师问："What can you see? What are these?"通过学生小组讨论，引出主体并板书课题"Food"，简单的两个问题既调动了学生已知，又促进了学生对本课主题的理解。

综观整节课，不难发现彭老师的语言不到 1/3 的时间，老师提的问题是开放性的："What food do you know? Do you like...?Why?"老师每提出一个问题都会给学生足够的时间思考和讨论，而学生的回答总是精彩而出乎想象。他们输出的语言绝不仅仅是课上的词汇，像"spaghetti""steak""pasta"层出不穷。我们欣喜地发现，当我们老师不再整节课地追问某几个学生；不再枯燥地让学生"one by one"；不再一味地展示教师的语言基本功……取而代之的是像彭老师这样，简单精练的问题和指令给学生更多思考和发挥的空间，让学生在合作中再次理解、互相学习、查漏补缺。

简单的环节设计，给学生更多表达的时间。

然而，之所以彭老师这些简单的指令语和解释语言能够让学生很快地理解和进行思考，归根结底是因为教师本课的教学活动只设计了三个，即：Listen and number；Play a game；Do a survey。教师每个环节都没有过多的语言解释，而是进行了清晰的示范，孩子们就能各司其职，各有分工的进行活动。由此可见彭老师常态教学的扎实。老师没有设计过多和所谓高大上的教学活动，扎扎实实地、润物细无声地培养着学生如何合作，怎样取长补短、互帮互助。每个活动给足时间，让每个学生都能在小组中得以表达和倾听。所以，当小组汇报环节我们不难发现，孩子们几乎都能流利的表达。彭老师真正做到了把课堂还给学生。

合作学习是一种教学模式，如果教师在教学中只停留在形式上，四人一组，不改变灌输式的教的方式，不改变被动接受的学的方式，任何一种教学模式都不会真正促进学生的自主发展。英语课上，大量的输入是必要的，但形势一定要多样，视频、网络、图片、他人都是输入的源泉，老师不停地追问，激活的是部分孩子的思维，而简单的大空间问题和活动的设计，学生间的讨论和互动才是学习的真正发生。

第三章 从"打造特色"走向"创生文化"

课程是学校教育的一部分，继承、发展、传播着学校的文化。课程建设是学校特色文化构建的一个项目，是建设学校特色文化的一种体现，也是创办特色学校的需要。在建设课程的过程中，整合学校的课程资源，形成学校的特色课程，发展学校的特色文化是课程建设的任务之一。七一小学的办学理念是：为学生的美丽人生奠基。学校大部分学生为海军子弟，耳濡目染，孩子们与海军、海洋文化结下不解之缘。近年来，学校在认真梳理、分析自身海军资源的基础上，充分发挥这一独特优势，开发"海洋、海韵、海娃"三海活动课程，以此作为创建学校特色文化的突破口和重要途径。

一、走向"深蓝"的"三海"课程

我们认为：孩子拥有什么样的品质和精神，是教育工作的追求与使命，也是小学教育为孩子的一生打好底色的根本要求。在多年的教育工作中，七一小学始终朝着这一目标努力，但也存在一些困惑：有时我们精心设计的教育活动，并没有唤起孩子参与的热情；我们的教育活动还比较零散，目标和内容也比较模糊和宽泛。因此，我们思考，必须加强对活动工作的顶层设计，以注重培养什么样的人和用什么方式培养人的大问题，促进每一个学生的健康成长。

于是，学校针对全校学生家长进行了一场特别的问卷调查，并在校园广泛开展"孩子最需要具备什么样的品质？"的讨论，最终筛选出了呼声最高的七个词：宽容、拼搏、感恩、互助、责任、坚强、乐观。我们以此作为"七一精神"的内涵，启动了"海洋、海韵、海娃"三海活动课程的探索，让全体师生拥有海洋情愫，拥有七一精神。

"三海"活动课程以活动体验的思想理念为指导，以立德树人为核心，以"海洋意识教育"为重点，积极寻找品质育人的制高点和有效途径，遵循学生的成长规律及教育工作规律，科学地设计活动课程与系列活动，努力创设海韵文化氛围，有效实施海洋校本课程，丰富海娃实践活动。以学生喜闻乐见的形式，在活动中内化"七一精神"，实现教育目标与教学目标的内涵渗透，引导学生自觉、自主的进步和成长，让海洋意识植根心田，为学生的美丽人生奠基。

建设三海活动课程，一方面要凝聚校内资源，还要借力家长资源、社会资源，形成有效的资源优势，使课程内容系列化、序列化。所以，我们前期做了大量的工作，通过走访家长、座谈等，了解家长的诉求与想法，并将家长纳入三海活动资源库；我们也走向社会，走进艺术场馆、科技场所等，广泛吸纳外援，积淀了丰富有效的课程资源。

资源犹如各种食材，要让学生享受到美味佳肴，那么，这顿三海活动课程的营养大餐，还需要经历筛选、加工及精心烹饪的过程。因此，我们再度研究分析学生品质培养的规律、学生的需求与兴趣点，真正读懂学生，抓住主体参与、实践体验、主题活动的重点环节设计和实施"三海"课程，让学生在玩中学、乐中学。"三海"活动课程包括"七一海洋学习课程""七一海韵文化课程"和"七一海娃实践课程"，每一领域的课程以主题融合课、实践体验课、主题活动等形式开展。

（一）七一海洋学习课程

七一小学围绕"为学生的美丽人生奠基"的办学理念，在"海洋、海韵、海娃"三海课程引领下，培养"拥有海洋情怀和国际视野的美丽少年"，聚焦核心素养，全面提高育人质量。学校不断完善已有课程体系，充实课程内容，让三海课程真正成为培养"拥有海洋情怀和国际视野"的童年甲板，让学生在课程中书写美丽人生。

　　1."教师海洋学堂"海洋情怀课程

　　七一小学地处海军大院，许多学生的父母、长辈都是海军，他们为祖国海军事业做出了贡献。同时，让学生拥有海洋情怀也是我校的办学目标之一。基于此，在校领导的带领下我校用两年的时间成功编写了"海洋、海韵、海娃"系列教材。并开展了"教师海洋学堂"课程。

　　2013年9月中旬海洋知识讲座面向学生开讲了。在两天时间里邢艳老师把她编写的《海上的船》、潘淑丽老师编写的《大海的资源》，用自己的真情给孩子们娓娓讲来。宽泛的知识内容、精彩的语言描述、丰富的音像资源，让孩子们如醉如痴。学生们专心听讲，积极互动，主动提问，诉说畅想，报告厅学习互动气氛热烈，课后很多学生写出了自己的感想，根据自己的想象设计出了属于自己的梦想之舟。深受学生喜欢的海洋知识讲座有了良好的开端，这套教材会延续编者主讲的模式继续进行……

　　2013年10月16日、18日连续两次在七一小学报告厅，分别由宋娟老师、张艳龙老师为三、四年级师生主讲学校自主研发的校本课程"海洋"系列教材之《极地探险》《大海的颜色》。两位老师声情并茂地给学生们娓娓讲述，虽然只有短短半个小时的时间，但是会场里学习气氛浓郁。有趣的知识内容、温情的现场互动、丰富的音像资源，让学生们了解了很多关于海洋的知识。学生们专心听讲，主动提问，诉说畅想。课后学生还写出了自己的感想，并根据自己的想象设计出了属于自己的蓝色海洋之舟。

　　2014年10月23日中午，李莲莲老师在七一小学报告厅为三年级同学带来一节海洋知识讲座，主题为《聆听大海的声音》。在课上，李莲莲老师通过讲解、图片、视频资料等方式向大家讲解海洋知识，让学生了解了海浪、海豚、蓝鲸声音的有关知识，课上学生们积极发言、认真观看、仔细听讲，还有的学生主动的模仿海浪、海豚的声音。通过这次丰富有意义并充满趣味的活动，使同学们在海洋知识的积累上获得一定的提升，乃至到课后还有许多学生意犹未尽，纷纷查找其他海洋生物的声音资料。

　　2014年11月26日中午，梁素霞老师在七一小学报告厅为二年级同学进行了一次生动海洋知识讲座，主题为《海洋里的好伙伴》。讲座中，梁老师用各种翔实的资料、生动精彩的讲述、丰富的影音资源，向大家讲解海洋知识。通过她生动的讲述，让孩子们了解了什么是真正的好伙伴？好伙伴之间应该做什么……孩子们听得如痴如醉。讨论环节，孩子们积极互动，主动提问，大胆畅想，报告厅里的学习互动气氛热烈，课后很多学生写出了自己丰富的内心感受。

2015 年 3 月 19 日，潘淑丽老师在七一小学一层报告厅为三年级的同学们进行生动的海洋知识讲座——《海中的庞然大物》。在蓝色的海洋中，蕴藏着丰富的宝藏，生活着千奇百怪的海底动物。其中有一种动物号称"海中之王"，潘老师以猜谜语和丰富的视频资料等形式向学生介绍——鲸，让同学们了解鲸的形体特征、进化过程、种类及生活习性。学生们个个聚精会神，认真聆听内容，观看精彩画面，积极踊跃参与游戏活动，脸上洋溢着笑容。潘老师还倡导学生"小手拉大手"——与父母一同走进海洋馆领略美丽的海底世界。

2015 年 3 月 27 日，石俊杰老师在七一小学报告厅为六年级同学上了一节图文并茂的海洋课——《挽救我们的海洋朋友》。课堂上，石老师重点介绍了濒临灭绝的几种海洋动物：海獭、驼背海豚、普通锯鳐、巴西犁头鳐、儒艮、蓝鲸、淡水苏眉鱼、鲸鲨等，让孩子们了解了海獭曾广泛分布于太平洋沿岸，北至日本北海道，南至美国阿拉斯加，均有大量海獭时常出没，然而由于近年来海上石油污染、非法疯狂捕捞、偷猎等原因，致使阿拉斯加州及俄罗斯附近海域的海獭所剩无几，基本上接近于被灭绝的边缘；驼背海豚仅见于新西兰海域，目前它们正面临着被刺网缠绕、船舶撞击、环境污染、栖息地改变或各种疾病的严重威胁；知道了厚大的嘴唇和隆起的前额是居住在礁石的淡水苏眉鱼的特质；在印度洋太平洋的很多水域，它们非常受潜水者和渔夫的欢迎；难以置信的是：一些苏眉鱼生来是雌性，但是在 9 岁左右，它们会经历性别转换，并终其一生为雄性；蓝鲸是地球上最大的生物，它们每天吃大约 4 吨的巨量磷虾来维持近 200 吨的体型，但由于人类的捕杀和海洋环境的污染，目前，世界只生存着不到 50 头的蓝鲸。最后，大家决定一起动手，用自己力所能及的形式来为保护海洋环境贡献一分力量——通过做手抄报宣传海洋动物现状、灭绝原因与影响及保护措施。

2015 年 4 月 1 日，张艳龙老师在七一小学报告厅为一年级的同学们带来了一堂生动活泼、图文并茂的海洋知识讲座——《有趣的螃蟹》。活动中，张老师以有趣的谜语导入活动主题。"八只脚，抬面鼓，两把剪刀鼓前舞。生来横行又霸道，嘴里常把泡沫吐"。小朋友们听后竞相回答，于是，小谜语一下子把孩子的注意力全都吸引到图片中的小螃蟹身上来，愉快的"海洋交友"之旅就这样开始了。之后张老师重点讲解了小螃蟹的外形、生活习性、走路特点、小螃蟹浑身都是宝等相关知识。她针对一年级孩子的特点，巧设情境，利用学生喜闻乐见的形式，如：播放动漫、互动问答、集体诵读童谣、表演唱等方式极大地调动了学生的参与意识。孩子们聚精会神地听，积极踊跃地发表自己的观点，热情忘我地投入表演，和小螃蟹愉快的嬉戏、玩耍！完全沉浸在海洋那蓝色的世界里。活动结束之际，张老师还邀请台下的小朋友上台来表演小螃蟹走路的样子，真是可爱极了、幸福极了。孩子们在这个短短的午休时间里享受着海洋生态、海洋动物带给我们的欢乐……

2015 年 4 月 2 日，七一小学二年级部分学生聆听了海洋知识讲座，他们同李宝瑜老师一起走入"海洋中的热带雨林"，认识了海洋中可爱的珊瑚礁，感受到大海之美。讲座中，李老师通过文字、图片、视频等多种形式，给学生们讲述了海洋中的珊瑚礁。通过学习，学生们知道了在浩瀚无际的海底，散落着无数个大大小小的珊瑚礁。它们巧夺天工，色彩斑斓，形成一片绵延百余里的绮丽壮美的海底花园。众多海洋鱼类靠珊瑚礁生活，并相互依存。珊瑚礁那坚硬的礁体还可保护陆地和岛屿免遭海浪的袭击和侵蚀。因此，珊瑚礁享有"海洋中的热带雨林"和"海上长城"等美誉，它是地球上最古老、最多姿多彩、最珍贵的生态系统。同学们还欣赏了我校舞蹈队的保留节目《珊瑚姑娘》，使他们在享受艺术之美的同时，更加拉近了与海洋的距离。短短半小时的讲座结束了，孩子们意犹未尽。相信孩子们在一次次的海洋讲座中，会更加了解大海，热爱祖国的海疆，热爱具有浓郁海洋文化的七一小学……

2015年4月15日，杜杰新老师在七一小学报告厅为五年级的同学们带来了一堂知识与趣味相结合的海洋知识课程——《海底的地形》。活动中，杜老师首先图文并茂的让大家认识了陆地上的地形，然后再引入海底地形，孩子们深深的惊叹，原来海底的地形和陆地上是一样的，只不过这一切被深深地淹没在海水之下而已。她还重点介绍了我国在大陆架上的海域，以及渤海、黄海、东海大陆架上丰富的资源，她还邀请两名热爱海洋、知识丰富的同学走到前面，一起讲解了著名的"大洋中脊"和世界上最深的海沟——马里亚纳海沟，极大地调动了学生的参与意识。孩子们聚精会神地听，积极踊跃地发言，整个活动过程都沉浸在奇妙而神秘的海洋世界中。

七一小学海洋课程让学生们知海洋、爱海洋、护海洋，开阔视野、增长见识，从小增强海洋意识，感受海洋文化，幸福快乐地成长，长大为建设祖国海洋贡献力量。"海洋"系列教材深受我校师生的喜爱，我们将把此项活动继续开展下去，进而丰富我校的校本教育文化。

2. "百名家长讲坛"海洋科学课程

七一小学秉承学校与家庭、老师与家长合力打造教育氛围，合心注入教育情怀的宗旨，开展"七一海洋学堂百名家长讲坛"活动，借助我校地处海军大院，有很多海军家长的优势，我们充分发挥家长的作用，深挖家长的潜质及激情，开拓更加丰富和专业的海洋知识讲座，和教师讲座共同进行，为学生的成长助力。

2014年4月9日，我们从海政文工团邀请到了五年级（3）班李英盈同学的妈妈刘纳女士，来我校为五年级同学进行《海洋知识》的讲座。李英盈妈妈是海政文工团的一名演员，足迹遍布我国一万八千公里的海岸线，她以自己的经历为主线，结合海洋的知识、海洋安全、热爱海疆三部分内容，为同学们做了精彩的讲座。其间看似简单的问题，如海水为什么会产生波浪？为什么是蓝色的？我国渤海又为什么是黄色的？一下子激起了学生的求知欲，随着刘女士的娓娓道来，学生听得兴趣盎然。随后伴着她在青岛及海南岛的两次演出经历，对学生进行了生动的安全教育，告诉学生对不了解的海洋生物和海底地形一定要远离，以免发生危险。最后又向同学们讲述了为西沙群岛的守岛官兵演出期间，克服晕船，水土气候不服，坚持演出的经历，讲述了守岛官兵保卫祖国海疆付出的难以想象的艰辛，使同学们深深感动。本次讲座激发了学生知海洋、爱海洋、护海洋的海洋情怀；使他们受益匪浅，为此我们也非常感谢像英盈妈妈这样为七一小学的海洋教育、海洋课程和海洋文化而倾情付出的家长朋友们！我们坚信七一小学的海洋文化有你们的大力支持必将绽放异彩。

2014年4月11日，我们七一小学很荣幸地请来了三年级（6）班胡宇乐同学的爸爸——海军气象中心的副研究员胡建平叔叔，来我校为三年级同学进行主题为《蓝色国土》的海洋知识讲座。你知道我们国家的领土面积是多少吗？那你又知道我们蓝色海洋的领海面积是多少吗？随着这一个个吸引人的问题，胡叔叔为孩子们讲解了有关我国领海的一系列问题。胡叔叔的讲解由浅入深，既告诉孩子们什么是领海，领海对一个国家意味着什么；又讲解了我国的领海争端问题，还为同学们剖析了造成这些争端的原因……那生动的表述吸引了在场的所有同学，他们个个都专心致志地聆听着。40分钟是短暂的，但是我们相信正是这短短的40分钟，却会为孩子们打开另一扇大门，引领他们走入海洋的世界，提升他们的军事素养。这次讲座又一次培养了我们师生的海军情怀，进一步增强了我们的海防意识，促使我校的海洋文化氛围的发展。

2015年11月12日上午，七一小学有幸邀请到了我校毕业生陈蔚然同学的爸爸——陈国社叔叔，在报告厅举行了聚焦中日钓鱼岛争端的讲座，五年级同学参与了此次活动。讲座正式开始前，齐丹红副校长亲自带领同学们对海军军事研究所研究员陈国社叔叔的到来表示热烈的欢迎。掌声过后，雷厉风行的陈叔叔就开始从"国家领土和海洋权益""钓鱼岛真相""进一步认识日本"三个方面为同学们进行了叙述。他采用PPT辅助讲座的形式，利用了大量的包括历史文献在内的资料图片中钓鱼岛的照片，以"聚焦中日钓鱼岛争端"为主题，为学生们全方位地解读钓鱼岛的过去、现在和将来。详细地列举了争端的由来，介绍了中日双方的主要争议。结论是中国对于钓鱼岛的领土主权拥有着无可争辩的法理依据，日本提出的种种理由都是荒谬不堪的。钓鱼岛对日本意味什么？第一是为了夺取钓鱼岛的资源，第二是军事上不可告人的战略意图——控制战略要道。陈叔叔声情并茂的讲座感染了现场的每一个听众，他通过无可辩驳的事实证明钓鱼岛历来是中国的领土，并对当前钓鱼岛问题的现状进行深层次剖析，对钓鱼岛问题的未来走向进行前瞻和预测。让同学们深刻地感受到我国国土安全的严峻形势，也让同学们知道国土资源是我们后代生存的基础；是我们中华民族传承万代之基业，断不容任何外国势力染指；进而增强了同学们的历史使命感。在讲座之中，陈叔叔不时地提出问题，在场的同学们积极举手回答，精彩的言语几次都赢得了陈叔叔的高度评价。此次专题讲座的顺利举办，为同学们讲述了钓鱼岛争端的历史渊源，分析了目前钓鱼岛争端的国际形势，让身为小学生的同学们进一步了解到中国的历史，不忘历史，同时也更好地激发了学生们的爱国热情和民族责任感。

清明节前夕，学校五年级各班开展此项活动。五年级（6）班邀请了胡宇乐同学的爸爸胡建平叔叔为同学们介绍"瓦良格"号的再生父母——徐增平。让孩子们感受到徐增平的爱国情怀，为他们埋下用实际行动热爱祖国，报效祖国的种子。

五年级（7）班专门邀请了陈熠菲同学的爸爸为大家做专业讲解。陈叔叔是首都机场管制人员，他的讲座分为图片抢答、知识普及、有奖竞猜等几个环节。整个活动自始至终气氛热烈、高潮迭起，全班42名同学在互融互动中真正接受到了旅行飞行知识的重要性。通过这次讲座，同学们又对旅行飞行知识得到了很好的了解与补充，同时，更是为日后的顺利飞机旅行提供了可靠的出行保障。

五年级（9）班邀请了郭畅宁同学的妈妈为同学们讲一堂关于口腔卫生

的知识。同学们以最热烈的掌声欢迎许阿姨的到来。许阿姨既是口腔医生，又是一位护士，大家都知道这是一个十分辛苦而光荣的职业，同学们都十分期待这次精彩的讲座。许阿姨讲得津津有味，她把每一个同学都当作了自己的孩子一样悉心教导着……台下的同学们也听得聚精会神！许阿姨告诉同学们必须保护好牙齿，每天刷牙的时候要讲究 3:3:3，即每天刷三次、刷到三个面、共刷三分钟……快到下课时，大家都纷纷提出小问题，她用浅显易懂的话，耐心地回答了每一位同学的问题，这让大家感到许阿姨十分的亲切和蔼！

五年级（10）班请来胡君健同学的家长上了一堂生动的有关"原子弹"知识的课——核武器的前世今生，为同学们科普了核武器知识。胡叔叔介绍了原子弹的起源、威力、危害等。告诉孩子们制造核武器，主要用于捍卫和平，保卫国家的安全和民族的尊严，让我们有个和平幸福的学习和生活环境，希望我们铭记历史，缅怀先烈，珍爱和平，开创未来。通过讲座同学们对"两弹一星"老科学家们更加肃然起敬，对今天的和平幸福生活倍感珍惜，更加坚定了好好学习、报效祖国、维护和平的凌云壮志！

家长授课的形式让同学们开阔了眼界，丰富了同学们的知识面。活动还在继续，有更多家长将来到课堂为同学们介绍更多的知识。孩子们在参与深度体验、培养自主探究中提升自身的综合素养。

2016 年 10 月 21 日下午，五年级各班开展此项活动。五年级（2）班邀请家长杨勇讲授《中国南海争端》，授课人紧跟形势，精心备课，制作了精美的 PPT，从南海地理位置、丰富物产资源、近几十年的发展状况、南海问题的由来及中国对南海领土主权的诸多依据等，多方位地为同学们进行了深入浅出的讲解和图片展示。大量的数据、鲜活的事例、活跃的氛围，通过互动形式逐步将爱国主义教育引向深入，让学生们真切地体会到了加强学习和报效祖国的深刻意义。最后以南海问题带给我们的启示为结尾，并以"少年强，则国强"为寄语，在开阔视野、增长见识的同时，进一步激发学生的爱国热情。

五年级（7）班王或然的妈妈为同学们讲解了一堂非常生动、有趣的关于飞行的课程。课堂上，帅气又有亲和力的飞行员叔叔介绍了航空器，从天空中自由自在飞翔的鸟儿讲到两大民用飞机制造商生产的波音、空客飞机；又进一步通过从悉心准备的飞行教具，为同学们讲解了飞机利用空气动力飞起来的原理，同学们积极踊跃加入到飞行实验中，切身感受空气流动产生的动力。整堂课七班的同学们听得认真，看得起劲，争先恐后地回答问题，充分展现了七一小学学生很好的精神风貌和知识素养，也感恩学校提供的机会和平台让大家学习到更广泛的知识和文化。

五年级（8）班的学生认真倾听了贾程翔父亲对"甲午战争"的全新讲述。同学们知道了清政府的腐败无能，认清了日本军国主义的丑恶嘴脸；明白了落后就要挨打的道理，同时坚定了为强国之梦不懈努力的坚定决心。

五年级（11）班的同学们期待已久的"军事大咖"走进课堂，他就是身着军服、高大帅气的王彦博同学的爸爸，彦博爸爸给大家带来的是"辽宁号"的故事！通过介绍，大家知道了我们国家有着漫长的海岸线、广阔的海疆、诸多需要维护的海洋权益和越发需要保护的海外利益。但是长久以来，我们国家却没有一艘属于自己的航空母舰，更别提航母的编队，而如今这个历史已被改写了，因为中国第一艘航母"辽宁舰"交接入列，成为巨型"海上浮动机场"，完成了海上作战的陆、海、空三个层次交接……看着一张张震撼的画面，听着感人至深的讲解，同学们时而欢呼雀跃，时而侧耳倾听，尤其看到视频中那经典的镜头，大家都屏住呼吸，好像真的置身其中，自己也和战友们在航空母舰上纵横驰骋一样。讲座结束后，同学们依依不舍，多想再听一听关于航空母舰的动人故事、再看一看那震撼人心的精彩画面，期待下一次的家长课堂给同学们带来更多新奇的知识和别样的感受。

家长授课的形式让同学们开阔了眼界，丰富了同学们的知识面。活动还在继续，有更多家长将来到课堂为同学们介绍更多的知识。孩子们在参与深度体验、培养自主探究中提升自身的综合素养。

2017年3月24日下午，为落实七一小学"培养拥有海洋情怀和国际视野的世界少年"的育人目标，七一小学四年级14个班的家长走进班级，开展家长进课堂的主题活动。四年级（1）班纪道卿的爸爸、四年级（8）班李鸣镝的家长和四年级（7）班陈家煦的家长分别以"披荆斩棘，走向深蓝""我们的南海""蓝色国土"为题为孩子们深入浅出地介绍了人民海军简史；四年级（2）班姜晗琪的家长以"美丽的南中国海"为题为孩子们讲述了我国美丽的南中国海；四年级（3）班许倚天的家长以"海洋花园"为题通过精美的图片给孩子们呈现了美丽的海洋花园；四年级（4）班李一然的家长和四年级（5）班唐棠的妈妈分别以"长大我也当海军""人民海军——蓝色国土的忠诚卫士"为题为孩子们讲解了我国强大的海军，让孩子们立志长大了也要当海军；四年级（10）班王子睿的爸爸、四年级（11）班马佳曼的爸爸、四年级（14）班周可欣的爸爸分别以"增强海洋意识，建设海洋强国""海洋与海军知识""筑梦深蓝——辉煌海军"为主题，通过图片、音频、视频的介绍使孩子们增强海洋意识，感受到建设海洋强国的重要性，长大要捍卫祖国海域的志向；四年级（9）班黄家钰的爸爸以"我的农场——可持续发展的方式"为题介绍了可持续发展的必要；四年级（12）班孙琬钰的爸爸、四年级（13）班江天翙的家长、四年级（6）班杜依诺的家长以"海洋知识讲座""海洋知识小科普""海洋、海军和导航"为题开阔了学生们的视野。每位家长都结合自己熟悉的领域，进行了充分的准备，丰富的内容、多样的形式、不同的视角，让课堂精彩纷呈、惊喜不断，使孩子们全方位、多角度的触摸到和海洋相关的一切，孩子们听得津津有味、意犹未尽，对海洋的探索热情空前高涨。课后，同学们纷纷表示特别感谢家长能走进课堂，父辈的介绍让他们对神秘的海军、海洋有了进一步的了解和认识，有很多同学通过这次活动都立志要好好学习，长大保卫祖国的海疆，更希望自己长大后能成为伟大海军中的一员。

2018年10月26日下午，伴随着阵阵秋风，六年级的家长们走进七一小学的校园，给孩子们带来了以"感恩"为主题的家长教育课程。

六年级（2）班的马宇睿爸爸是中央气象台的首席预报员，他给同学们带来了主题为"感恩大自然——共建美丽家园"的生动一课，告诉孩子们要感恩大自然，爱护大自然，让我们的世界更美好。六年级（5）班李昂妈妈通过寄给孩子们一封封家长们的手写信，使孩子们感受到家长把自己抚养长大的不易，孩子们在感动之余纷纷动笔把心中想对家长说的话记录了下来。六年级（8）班陈天成家长从中华传统"二十四孝"入手，分享了许多感恩父母的故事，并和同学们进行了良好的互动，使孩子们懂得感恩父母的道理。六年级（12）班李沐遥家长不仅制作了精美的课件，还准备了许多小礼物。并且围绕感恩这个主题进行了生动的讲解，与孩子们频频互动，从"感恩父母、感恩老师、感恩朋友、感恩国家社会集体"等方面诠释了感恩的内涵和意义。六年级（14）班王湛杰家长的感恩教育课形式丰富多彩，不但深受孩子们的喜爱，更让孩子们对感恩父母、感恩老师、感恩社会有了深刻的认识和理解。

感谢家长们在百忙之中抽出自己宝贵的时间走进我们的课堂，并通过丰富的内容和多样的形式，使孩子们意识到感恩的内涵和意义，相信孩子们一定会常怀感恩之心，感恩身边的每一个人，感恩我们生命中拥有的点点滴滴。

3. "专家进课堂"海洋历史课程

在聘请教师、家长开展"海洋"课程的同时，我们还邀请部分专家走进七一小学进行讲座。

2017年11月16日下午，学校有幸邀请到了海洋军事专家、《现代舰船》杂志主编崔轶亮，在七一小学报告厅开展了海洋专家课程。首先他为六年级（1）~（4）班的同学们带来了题为"中华民族的海上征途"的讲座。崔轶亮用幽默风趣的语言，深入浅出地讲述了我国的海军成长史，由郑和下西洋开创的辉煌壮举到鸦片战争带动的北洋水师成军；由海军落后国门被打开讲到海门失禁造成的列强瓜分的屈辱历史；由1945年中日海军实力的悬殊差距讲到为解决"南沙"问题而取得了近代海战的首次胜利……中国的强军梦是每个少先队员的梦想，因此队员们听得十分专注，与崔叔叔频繁互动。而后他又为六年级（6）（7）（8）（10）班的同学们带来了题为"航母发展的故事"的讲座。利用多媒体图文并茂、绘声绘色地和孩子们分享了航空母舰的秘密。他讲述了航母的诞生以及它的现状和未来发展趋势。讲座尾声，他与孩子们进行了积极的互动，孩子们踊跃发言提问，使整场的气氛推向高潮。通过开设海洋专家课程，邀请军事专家走进校园为孩子们讲述海洋前沿、最新知识，不仅使孩子们了解了丰富的军事与国防知识，更增加了他们的民族自豪感，也培养了孩子们多思、多问的创新意识，让他们从身边的常见事物中去探究科学道理、寻找科学规律；为中国梦的实现打牢坚实的基础！

2018年9月30日，七一小学德育处杜文雯主任带领五年级的师生们，在报告厅热情欢迎来自中国海洋石油工业展览馆的两位讲解员，为我们进行期待已久的海洋石油知识讲座。

两位讲解员先从海洋石油的大背景谈起，众所周知，随着工业化进程的加速，人类对矿产资源的需求与日俱增，而陆地上许多矿产资源正面临着枯竭的危险，人类势必要把开发矿产资源的目光从陆地转向海洋，而海底油气资源的开采和应用也正是现阶段海洋矿产资源开发的重点内容之一。他们用图文并茂的讲解及幽默有趣的语言把孩子们的注意力迅速带到了充满未知和想象的钻井平台上，孩子们各个兴趣盎然，全神贯注。

接下来，两位讲解员就海上钻井平台的设施建设做了简单介绍，无论是吊装法还是浮托法，我国生产设备的先进水平都让同学们瞠目结舌，连连点赞，发自内心地为我们的伟大祖国感到骄傲。在认识了开采钻头，了解了石油分类之后，孩子们又通过图片看到了轮胎、化肥、沥青等和自己身边"衣食住行"息息相关的石油产品，意识到石油其实离我们并不遥远。在这种融洽亲切的氛围中，孩子们的情绪高涨起来，连连向讲解员发问，两位讲解员用互动小游戏的方式巧妙解答了孩子们的问题。

这场别开生面的海洋石油知识讲座，不仅让同学们收获了丰富的海洋石油知识，还懂得了石油与国家发展的关系，与人民日常生活的关系。作为一名发展中大国的小学生，同学们意识到自身肩负着一份时代担当，应该不断学习，与时俱进，将来为祖国建设添砖加瓦，为民族复兴铺路架桥。

4. "大小导师联动"海洋生物课程

学校为了落实"培养拥有海洋情怀和国际视野的世界少年"的育人目标，积极开展"海洋、海韵、海娃"三海课程，并于2017年9月利用国家海洋局宣传教育中心赠予我们的《我们的海洋》系列教材，尝试以"老师指导、学生主讲"的大小导师联动授课方式，呈现一种形式和内容不同于以往的海洋课程。

2016年9月19日中午，在张瑞老师的指导下，六年级（5）班罗云舒、周博文、李佳颖、胡胤博、张馨予、龚怡文同学以"我们的海洋活化石——鲎"为题给四年级（1）~（4）班同学上了一堂精彩的海洋课程。课前，六年级的6名同学组建了"海洋课程"研究中心小组，在充分听取全班同学的意见后，确定了课程的方向和大体流程。在两个星期的筹划中，他们常一起集中查找资料、制作课件、设计学习单等，并在听取了张瑞老师的意见后反复修改、排练。课上，他们充满自信的语言、丰富的内容、精彩的讲解、默契的配合、丰富多彩的互动，深深吸引了每一位四年级的同学；特别是他们精心设计的有奖问答环节，深受小同学们的喜爱，同学们认真听讲、积极回答问题，许多同学都拿到了小奖品。通过这次大小导师联动授课的形式，四年级的同学不仅学到了关于鲎的知识，还受到了一次"爱护海洋"的教育；对六年级授课班级也是一次锻炼和难得的情感体验。听课的一位四年级同学在课后特意找到六年级（5）班的大哥哥、大姐姐们说："你们讲得真好，我现在才刚知道原来鲎的血液是蓝色的，而且它们现在的数量已经这么少了。我们以后一定要爱护生态平衡，保护海洋动物！什么时候我也能向你们一样，站在前面给同学们上课就好了。"当然，孩子们上课可能也会存在一些小小的不足。课后，德育副主任杜文雯老师和班主任张瑞老师特意帮讲课的孩子们总结经验和遗憾，为以后的海洋课程上得更加精彩和娴熟打下了很好的基础。这样的大小导师联动授课形式我们将继续下去。

2016年9月20日中午，我校组织的"大小导师联动海洋讲座"活动再次在学校会议厅如期举行。六年级（7）班申昊林、刘若天、孙堉霏、王子琦四名学生在班主任李宝瑜老师的带领下，给四年级学生进行了"大自然的危害——赤潮"的海洋知识讲座。讲座主讲人申昊林从什么是赤潮、赤潮的成因、赤潮的危害等方面给大家普及开来，其他三位同学巧妙地运用有奖竞猜形式把活动推向了高潮。整个讲座气氛活跃，高潮迭起，互融、互动性强。活动结束后，同学们纷纷表示，学校组织这样的活动真好，听讲座的学生在欢快的氛围中学到了知识，高年级学生在为大家普及知识的过程中得到了很好的锻炼，真正起到了"大小导师联动"的效果。校长张建芬、德育副校长齐丹红，德育副主任杜文雯以及四年级全体师生近150人聆听了整个讲座活动。

2016年9月21日，七一小学组织的"大小导师联动海洋讲座"活动又开始了。在学校报告厅，六年级（8）班的主讲赵小溪同学，在姚婉姮、张紫涵、汪俊烨、詹睿琦四位同学的帮助下，共同完成了"是鱼非鱼——文昌鱼"的海洋知识讲座。在讲座过程中，赵小溪同学不仅介绍了文昌鱼的特点，还为大家普及了文昌鱼的生活环境，让四年级的同学们了解到文昌鱼所生活的环境。更重要的是，主讲同学还宣传了海洋保护的知识，所有在场的同学都意识到：只有爱护我们的海洋，文昌鱼才能够有更广阔的生活空间。六年级的大哥哥大姐姐有时提出问题，有时和小同学互动参与；四年级的同学们也纷纷举手表达自己的观点：爱护海洋，从实际行动做起。活动结束后，大家都纷纷表示，要了解关于海洋的更多知识，更要爱护我们的海洋，我们的地球家园。本次活动使得高年级同学得到了锻炼，聆听的同学得到了收获。

2016年9月28日中午，七一小学海洋系列课程"大小导师联动活动"在报告厅如期而至。六年级（11）班的班主任宋娟老师带着小导师陈昱彤、严靖宜、李思文、吴欣蔚、卫婧菲、李逸涵六名同学为三年级的同学们献上了一次精彩的海洋知识讲座——黑脸琵鹭。活动前，六名同学从内容分工、形式设计、讲解流程以及PPT的制作等多方面进行精心、细致、全面的准备，力求为学弟学妹们呈现完美的活动课。活动中小导师们虽然是第一次参加讲解活动，但是他们大方而有亲和力，活动过程中还接待科技示范校检查的专家，他们更能随机应变地变换讲解思路，井然有序地组织现场同学答题发奖，无不让人称赞。三年级的同学也是怀着对海洋知识的渴求，专注地倾听，积极地互动答题，表现出很高的参与热情，最后宋老师在总结中希望同学们用实际行动保护黑脸琵鹭等水鸟和海洋生物。半个小时的海洋课程结束了，但是同学们对海洋世界的探索却没有止步。相信同学们会更深入地了解海洋知识，会从小树立热爱海洋建设海洋的意识，在知海爱海的系列海洋教育中成长为拥有海洋情怀的七一学子。

2017年9月18日中午，在杜文雯主任的组织下，六年级（2）班鲍维尔、李赫、金玉芸、黄诗娴四位同学经过班主任王淑红老师的指导，为五年级的同学们带来了一节精彩的海洋课程《海中"花伞"》。课堂上，四位同学讲解了关于水母的知识，授课过程中小同学们不时发出感叹："水母的种类真多，它的结构真奇妙！"活动中四位小导师精彩的讲解、有趣的视频深深吸引了在场的每一位同学和老师。在整场讲座中同学们听得认真、答得积极，小导师们说得精彩、讲得尽兴，水母知识在伙伴彼此交流与互动中深深印在了每一个人的心上。此次课程之所以赢得一致好评，是因为上课之前老师精心辅导和四位同学课前长时间的全方位"备战"，他们利用课余时间进行了细致的筹划，常常一起查找资料、做课件，并反复修改、排练。课后，这四位同学表示："我们特别感谢这次活动，它让我们提供了更广阔的舞台。虽然我们快毕业了，但我们希望自己能作为学习的榜样，将更多的海洋知识、爱海洋的情怀传递给弟弟妹妹们，带领他们一起成为拥有海洋情怀、国际视野的七一学子。"

2017年9月20日中午，在杜主任的组织下，六年级（6）班中队的管思语、赵子约、王元珩三位同学，经过班主任邢林老师的指导为三、四年级的同学们带来了一节精彩的海洋课程《畅游海洋馆》。课堂上，三位小导师生动的讲解，绚丽的图片、视频和活跃的现场互动，带领着同学们一起走进了缤纷的海洋世界，了解了世界著名的海洋馆，饱览了神奇多姿的海洋生物，以及领略了各种海军海洋的博物馆。丰富的知识深深地吸引着大家，一双双好奇的眼睛，一只只高举的小手，一次次精彩的发言，令现场气氛热情高涨。最后，在美轮美奂的视频中，同学们深刻地感受到海洋馆是一个微型的海洋世界，是我们接触海洋、认识海洋的窗口，是我们感知海洋、拥抱海洋的桥梁，纷纷表示：我们要一起保护海洋，保护这个美丽的家园。不知不觉，课堂进入了尾声，同学们仍然意犹未尽，为六年级（6）班中队的三位小导师送上热烈的掌声，同时也赢得几位班主任老师的赞许。能够取得这样的成功，是因为在上课之前邢老师的精心辅导，和三位同学利用课余时间，结合三、四年级小同学的年龄特点，进行了细致的筹划，查找资料、制作课件，反复备课、修改、排练。课后，这三位同学表示："这次海洋课程让我们受益匪浅，不仅给我们提供了锻炼的平台，而且十分有意义，让我们和三、四年级的弟弟妹妹们分享了许多海洋知识，了解到更多别具特色的海洋馆，并将知海洋、爱海洋的情怀传递给弟弟妹妹们，一起做一个拥有海洋情怀、国际视野的七一学子。

2017 年 9 月 21 日中午，在杜文雯主任的精心策划和有力组织下，六年级（5）班那祥辉、张浩宇、曹瑞霖三位同学为四年级的同学们带来了一节生动有趣的海洋课程《历史悠久的海神信仰》。对于大海，孩子们并不陌生，但是对于海神信仰，多数同学并不太明白其意义所在。在这短短的半小时课堂上，三位小导师胸有成竹，他们的博学和风趣深深吸引了在场的每一位同学和老师；他们精心准备的 PPT 让四年级同学对东方海神、西方海神以及海神信仰的意义有了很清晰的理解；他们设计的互动活动也让孩子们兴趣盎然，纷纷踊跃发言。整场讲座气氛热烈，互动精彩，大同学和小同学亲如一家，海洋知识在合作中轻松愉快地刻入脑海。本节课程受到老师和同学们的一致好评，这也是三位同学认真备课的最好回报。他们利用课余和周末时间查阅大量资料，精心制作课件，并在听取了班主任老师的意见后反复修改、排练、斟酌每一个细节，最终完美展现。课后，这三位同学表示："特别感谢学校的这次活动，给了我们历练的平台和展示的机会。我们能在这里把所知所学所想传递给弟弟妹妹们，让他们跟我们一起爱海洋、懂海洋、知海洋。七一小海娃也会在学校的沃土中，共同培养海洋情怀，拓宽国际视野，健康快乐地茁壮成长！"

2018年9月26日，六年级（8）班的夏政扬、庄肃涵同学在王晶晶老师的带领下为二年级（3）班、（4）班、（5）班、（6）班的小同学们带来了一堂精彩的互动课——海洋中的美食。

课堂上，两位小导师以一顿美味的渔家宴切入主题，并组织低年级的同学们一起互动，以连线题的方式进行"海洋大闯关"。面对形形色色的海洋生物，同学们兴趣盎然，时而啧啧称奇，时而低声赞叹，时而争相发问。在轻松愉悦的氛围中，同学们不仅认识了各种形态各异、味道鲜美的海鲜，而且对海洋产生了浓厚兴趣。

小导师着重向同学们介绍了海洋中的植物——海带，包括海带的生长繁殖方式、海带的营养价值和经济价值，并教大家制作一道美味的家常菜——凉拌海带丝。为了更好地享用海鲜，小导师还条理清晰地向大家介绍了一些注意事项，比如要食用新鲜的海鲜，并且不能和水果同时食用等。在第二话题中，小导师向同学们介绍了保护海洋生态平衡的措施，讲解了休渔季的时间和意义，以及海洋捕捞的注意事项，提醒小海娃们在享受海洋馈赠的同时，也要懂得爱海、护海。

一堂生动有趣的海洋课很快就结束了，在小导师们的引导下，同学们加深了对海洋美食的了解，并对海洋充满了向往，纷纷表示暑假时要到大海边，亲口品尝海鲜、亲身感受大海。

5. "大手拉小手"海洋名人课程

为了落实七一小学"培养拥有海洋情怀和国际视野的美丽少年"的育人目标，我校还以"大手拉小手"的形式开办海洋名人课堂活动。

2017年3月8日中午，六年级（1）~（12）中队以及五年级（5）班、五年级（6）班、五年级（7）班和五年级（8）班中队的队员们走进四年级14个班，为四年级联合中队带去了生动有趣的"海洋名人课"，课上他们通过讲述为海洋事业做出贡献的军人、专家、普通人的故事抒发心中的情感，带领大家学习名人的品质，表达自己的情怀。早在开学初，授课前，小导师们积极准备，精心制作课件、查找资料；课上，他们还与四年级的同学们进行热烈的现场互动，海洋名人知识的问答与竞猜，令现场气氛十分活跃。此次活动的开展，再次点燃了学生爱海洋的热情，同时也增强了学生善待海洋、保护海洋的意识和责任，为他们打开了一扇通往蓝色海洋的兴趣之门。

2017年10月19日、20日、26日、27日中午海洋名人课分四讲进行，六年级（1）～（12）班中队的队员们在学校报告厅为二年级和三年级的同学们带去生动有趣的"海洋名人课"，此次小导师们介绍了萧劲光、麦贤得、王亚夫、郑若曾、陈国珍、妈祖、侯宝荣、杜环、邓世昌、詹姆斯库克、赵进平这些名人。他们通过讲述故事来抒发心中的情感，带领小同学们一起学习名人的品质，表达自己的情怀。早在开学初，授课前，小导师们积极准备，精心制作课件、查找资料；课上，他们还与小同学们进行热烈的现场互动，海洋名人知识的问答与竞猜令现场气氛十分活跃。此次活动的开展，再次点燃了学生爱海洋的热情，同时也增强了学生善待海洋、保护海洋的意识和责任，为他们打开了一扇通往蓝色海洋的兴趣之门。

6. "走进海洋馆"海洋探究课程

"培养拥有海洋情怀和国际视野的世界公民"是七一小学的育人目标，我们对学生的培养不仅仅是知识的传授，更是通过大量的实践活动来丰富认识、提升能力。课程实施以来，小海娃们在七一小学铺就的梦想之路上培养海洋情怀，拓宽国际视野，快乐健康成长。希望通过"馆中探究系列活动"，使学生们加深对海洋动物知识的了解，为他们未来探索海洋，探索世界埋下探究科学的种子，为激发他们探究自然科学的兴趣打下坚实的基础。继续与北京海洋馆联手，开展"走近海洋动物"探究小课题研究活动，培养合作学习意识、科学探索精神。

为了更好地感受海洋情怀，学校与北京海洋馆联手，开展"小海娃走进海洋馆"实践探究系列活动，将学习阵地转移到海洋馆。四年级（4）班的孩子们走进了海洋馆的后方饲养中心,真正"零距离"地对自己感兴趣的海洋动物进行了深入研究。首先,同学们仔细聆听了海洋馆海洋哺乳动物驯养技师黄琳老师《海豚生物学——动物观察》的讲座,她从什么是观察、怎么观察、观察什么内容几方面深入浅出地为同学们进行了讲解,同学们听得格外认真,通过介绍了解到海豚愿意亲近人类,性格友好、活泼而富有好奇心的特点,激发了他们亲近海豚的情感。

在海洋馆工作人员的带领下,同学们走进海洋馆动物部后方饲养中心,近距离对瓶鼻海豚的日常行为进行了观察,包括呼吸情况、游动情况等等,并在日常动物观察记录表中进行简单记录,最后小组间分析观察数据,对小海豚的各种行为进行了分析。经过近三个小时的研究活动,同学们尽情领略了海洋馆神秘独特的魅力,了解到更多的海洋生物知识,收获颇丰,纷纷表示期待下一次走进海洋馆。

2016年9月8日下午,七一小学五年级(4)班的同学们再次走进北京海洋馆,为本学期"小海娃走进海洋馆"实践探究系列活动拉开了帷幕。在海洋馆的科普教室里,海洋哺乳动物驯养技师黄琳老师以"瓶鼻海豚物种介绍"为题,为小海娃们进行了细致全面的讲解,讲座主要内容包括瓶鼻海豚的性格特点、生存特点、智商情况、外形特征、繁殖情况等。黄老师的讲解幽默风趣,大家也争先恐后的提出自己的想法。通过认真学习,同学们对瓶鼻海豚有了进一步的了解。为了使同学们更好的感受海洋动物与驯养员之间的配合,黄琳老师还组织同学们进行了模拟活动,每个小组分角色扮演驯养员与瓶鼻海豚,"驯养员"使用手势或者动作来引导"小海豚"进行活动。最后,同学们进入展馆对白鲸进行了细致观察,为后续学习奠定了基础。经过这次活动,同学们收获了全新的视觉感受和丰富的知识;深入馆中探究,感受海洋情怀,小海娃们继续前行!

2016年10月13日下午,七一小学五年级(4)班的同学们走进北京海洋馆,开始了第三次"馆中探究"活动。同学们首先走进了动物部后方,在指导老师和驯养员叔叔阿姨的带领下,对瓶鼻海豚进行了近距离的动物观察,可以说每次观察都有不一样的收获。紧接着，同学们聆听了海洋哺乳动物驯养技师黄琳老师围绕瓶鼻海豚生活习性展开的精彩讲座。通过学习，大家了解到瓶鼻海豚喜欢群居，一般是雌性瓶鼻海豚和它们的幼崽组成一群；海豚喜欢吃的食物包括鲭鱼、鱿鱼和柳叶鱼等；瓶鼻海豚的怀胎与产仔以及它们的行为特征。随后，同学们走进海洋馆，兴致勃勃地参观了"鲨鱼小镇"展区和"特色虾蟹生物展"。近距离的观察和翔实的讲座，孩子们积累了第一手的实践资料，回校后又进行了细致的整理与梳理工作，深感收益不菲。

2016年10月20日，七一小学五年级（4）班的同学们走进北京海洋馆，继续着"馆中探究"之旅。在动物部后方驯养池旁，同学们对四只瓶鼻海豚进行观察，它们分别是一对海豚母女以及一对海豚母子，在观察的同时，还需要记录下它们的日常行为，包括眼神神态、社群属性、游动情况、呼吸力度等等。海洋哺乳动物驯养技师黄琳老师同样带来了精彩的讲座，其内容是围绕瓶鼻海豚的身体构造展开的，包括瓶鼻海豚的眼睛、瓶鼻海豚的声音是多么动听、瓶鼻海豚的耳朵是什么样的、瓶鼻海豚的鳍肢、瓶鼻海豚的牙齿、瓶鼻海豚的皮肤以及如何区分公母瓶鼻海豚等等，同学们听得认真，有了新的收获。随后，大家走进海洋馆中华鲟展区，对这种珍贵海洋生物进行了观察学习，整理记录他们所观察到的所见所闻。和这些可爱的动物在一起，孩子们流连忘返。

2016年10月27日，七一小学五年级（4）班的同学们走进北京海洋馆，开始第五次的"馆中探究"活动。同学们首先到达动物部后方驯养池，对他们最熟悉的小海豚们进行近距离观察，观察正赶上驯养师们陪着瓶鼻海豚玩耍的时间，小海豚们很活泼兴奋，不时拍打着尾鳍，用溅起的水花与我们的小海娃们"打招呼"。

接着，大家认真聆听了海洋哺乳动物驯养技师黄琳老师带来的关于瓶鼻海豚脑部的知识讲座，通过学习，同学们了解到海豚非常聪明，它的大脑的发达程度在人之下，在其他哺乳动物之上；海豚的脑重量与体重的关系；海豚的脑部结构是什么样的；它们的脑进化特点说明了海豚的感觉、运动神经非常的发达。新的见闻、新的收获，活动后的同学们不停地交流表达着自己的看法。

2016 年 11 月 3 日下午，七一小学五年级（4）班的同学们走进北京海洋馆，继续本学期"馆中探究"活动。在动物部后方，孩子们开始了本学期最后一次观察活动，驯养员叔叔阿姨为孩子们进行了瓶鼻海豚的训练动作展示，在展示过程中，大家感受到了驯养员的耐心教授与引导，以及驯养员与瓶鼻海豚之间的沟通与交流，聪明的小海豚能够迅速抓住信息进行各种动作，让人十分赞叹。在最后一次的知识讲座中，黄琳老师为同学们详细讲解了关于海豚的回声定位系统，通过学习，同学们了解到了什么是回声定位系统、海豚回声定位系统的作用、海豚回声定位的原理、海豚的发声机制及接受声音的器官等等。接着，孩子们走进海洋剧院，欣赏到了精彩的海狮及海豚表演，我校颜琰同学还被选为幸运观众，与小海豚们进行了亲密接触。

六次的海洋馆实践活动，孩子们收获的不仅仅是关于瓶鼻海豚的丰富知识，更为难得的是走进海豚驯养后部，近距离对这种美丽灵动的海洋生物进行观察。在本次"馆中探究"项目开展期间，要特别感谢我校领导的鼎力支持，北京海洋馆老师的细致安排和耐心指导，班主任老师及辅导老师的全力配合。愿这短暂的学习经历能够使学生们加深对海洋动物的了解，为他们未来探索海洋，探索世界埋下探究科学的种子，成为同学们成长历程中的一笔宝贵财富！

丰富的学习内容，多种多样的学习形式，使孩子们深深爱上了"三海课程"，在学到了许多海洋知识的同时，更激发了孩子们对海洋的探究热情，逐步落实"让学生拥有海洋情怀"的办学目标，让全体学生在海洋、海韵、海娃实践课程中有感性认识、有理性思考、有体验快乐、有成长足迹，人人成为"拥有海洋情怀和国际视野的美丽少年"。

（二）七一海韵文化课程

在美丽的七一小学，有一个响当当的德育实践课程，那就是"三海"系列课程。"三海"系列课程中的"海韵"课程，以德育教育为主线，以学校升旗仪式和教室文化为主阵地，多年来组织学生开展了丰富多彩的系列活动，对学生的教育意义深远。

1. 主题升旗文化课程

（1）文明、友善长驻心间——升旗仪式班级主题展示

2014 年 12 月 8 日，七一小学迎来了一批尊贵的客人，他们是中央党校干训班的多位领导。上午 9 点 40 分，七一小学全体师生和前来参观学习的领导齐聚学校操场，共同参加第十五周升旗仪式。在两位队员的主持下，五星红旗在庄严的国歌声中冉冉升起后，全校师生高呼社会主义核心价值观及其要求；然后是"我的升旗我做主"的教育主题展示，第一个展示是由七一小学"海韵之声"朗诵社团的学生带来的朗诵《向世界表达善意》。他们的作品表达了"善意不需要很多，只要真诚的、友善的去换位思考就会做出自己的选择"；伴着悠扬的音乐声，他们用"七一好声音"朗诵着一段段美丽的文字，使台下静听的师生沉浸其中。第二个展示是由六年级（3）班中队带来的文明礼仪表演——"海娃海韵"，需要体现在生活的细微处。一个微笑，一声"您好"，一个"请"，一句"对不起"，一声"谢谢"，都能使人们打开心灵的窗户，尽情地交流，互相地理解和尊重。他们的整齐动作和标准仪态给台下的同学起到了很好的示范作用。值得一提的是，无论是"海韵之声"朗诵社团的学生还是六年级（3）班中队的队员，都是几天前接到任务，从选题、排练，到台上的精彩展示，学生、老师精心准备，倾心付出，表现出我校师生对学校工作的大力支持和积极饱满的热情。

此次活动，不仅丰富了"社会主义核心价值观"的内容，而且又一次激发了同学们努力学习和践行"社会主义核心价值观"的决心，充分体现了所有小海娃的"海洋般的心声"，今后，学校还将继续组织同学们继续深化学习"社会主义核心价值观"，开展喜闻乐见、丰富多彩的"海韵"系列活动，并将活动落到实处。

（2）友善之心温暖你我——升旗仪式暨德育养心课程

2017 年 11 月 27 日上午，冬日暖阳洒满七一小学的校园，两千多名师生

齐聚操场，举行了第十五周升旗仪式。鲜艳的五星红旗伴随着庄严的国歌再次冉冉升起，开启了七一小学新一周的学习生活。

本周升旗仪式以"友善之心温暖你我"为主题，这也是我校德育养心系列课程的第七课，主讲人是三年级（7）班的班主任宋娟老师。她和三年级（7）班的同学为大家呈现了一堂生动丰富而发人深思的德育养心课。同学们首先为大家带来了飞行员胡佛的故事，让大家懂得：友善就如同每个人所理解的一样，它是宽容的胸襟。随后同学结合图片为大家讲解了生活中几种典型的友善行为，同时还表达了各自对友善的不同理解，引人深思。在主题诗朗诵《做一个友善的人》中，同学们用自己清脆响亮的声音和饱满真挚的情绪，让友善之美、友善之暖、友善之光充盈于校园每个角落，打动了在场每一个人。接踵而来的情景剧《友善对待小动物》，给大家带来欢声笑语的同时，也引发了一轮新的思考：世间万物生活在同一个地球上，我们不仅要友善待人，更要不忘友善对待地球大家庭的其他成员。最后，由三年级（7）班家委会代表带领四位同学上台，与大家分享了一次友善实践活动；让同学们设身处地地体会到，友善行为必须先从自身做起，一个人的力量虽然微薄，但只要坚持下去，这种友善的信念就会像接力比赛一样被不断地传递出去，我们的世界也一定会变得越来越美好。

友善作为社会主义核心价值观的重要内容，既是当今世界通行的文明理念，也是中华民族传统美德，更是我们日常做人处事的基本准则。从故事到图文、从诗歌到短剧、从文艺节目到社会实践，宋老师和同学们用丰富的形式、生动的表现，用心灵和行动诠释了他们对友善价值的理解。

（3）我爱美丽的宝岛台湾——2015年第二学期第五周升旗仪式侧记

2015年3月23日的升旗仪式，我校学生严肃认真地观看了六年级（1）班、六年级（2）班的教育主题展示"美丽的宝岛——台湾"。

参加这次教育主题展示的同学和老师们一直在休息时间积极筹备彩排。展示开始时，只见四个主持人精神抖擞地站在主席台上，声情并茂地向大家介绍了我国的明珠——台湾；紧接着，六年级（1）班、六年级（2）班"海韵之声"社团的同学们深情地朗诵着《海之声》这首诗歌，还进行了仿写展示；可见，同学们对这首期盼台湾早日回归大陆诗歌的喜爱之情……只见一位六年级（2）班的同学自信地走上台，为大家带来了一个有趣的故事《日月潭的传说》，原本冷冰冰的汉字，经他一讲，瞬间跃然纸上，好像一幕幕都在大家的眼前浮现，那抑扬顿挫的声音，仿佛把同学们带到了日月潭边，近距离的观赏日月潭的宁静与热闹并存的美感。同学们还讲了"布袋戏"和"台湾妈祖"的故事。

今天的教育主题展示为同学们上了生动的一课，让同学们更充分地了解了台湾，学习了台湾，拉近了同学们与台湾的距离，我们应该为我们祖国有这样一个美丽的地方而感到自豪。

（4）践行文明公约争创文明校园——2016年第一学期第二周升旗仪式侧记

2016年9月5日早上，七一小学2016—2017学年度第一学期第二周升旗仪式在操场上隆重举行。伴随着庄严的国歌五星红旗冉冉升起。在升旗仪式上，德育副主任杜文雯老师向全校师生提出努力争创海淀区文明校园的号召，并推出了"海娃文明微活动"，活动以年级、班级为单位开展，旨在培养学生的好习惯，展示宣传七一好声音、七一好行为。

活动针对不同年级学生提出了适宜的教育重点：一二年级是自己事自己做，上课专心听讲，爱惜花草树木，学会合作共处；三四年级是养成阅读习惯，主动分担家务，爱集体助同学，节粮节水节电；五六年级是了解党史国情，乐于科学探索，热心志愿服务，爱护公共财物。根据学生表现，将评选校级、班级"七一星"，每月开展"和谐班级"红色行动评选。接着杜主任还带领全体学生回顾中小学生守则并齐声诵读《海淀区小学生文明行为公约》，希望大家牢记并时刻践行文明公约，为七一小学争创文明校园贡献力量。

最后是七一小学荣誉殿堂时刻，学校为在海淀区2016年寒假中小学网络心理征文活动、第二十一届全国中小学生绘画书法比赛、海淀区英语学习社区2015年第四届"展示英文表达魅力，传播中国传统文化"——中秋微电影英文创作比赛中获奖的学生颁发荣誉证书。

（5）千校携手共现蓝天——2017年第一学期第四周升旗仪式侧记

2017年9月19日，伴着拂面的秋风，在同学们的欢声笑语中，七一小学迎来了第四周的升旗仪式主题展示——"千校携手，共现蓝天"。

"金秋的阳光温馨恬静，金秋的清风和煦轻柔……"这充满诗情画意的主持词拉开了主题展示的帷幕。"生命只有一次，地球只有一个。"在短暂的静寂后，六年级（9）班的同学们充满感情的朗诵着《地球更美好》这篇关于爱护自然环境的诗歌，他们清脆明亮的声音立刻吸引了大家，台下一束束充满欣赏的眼神注视着主席台上的同学们。这篇诗歌在向我们讲述着雾霾对地球妈妈的危害和地球妈妈需要绿树和蓝天的道理，而六年级（9）班和六年级（10）班的同学们也希望地球这个大花园不要再饱受雾霾的摧残，希望能有一块蓝色蜡笔将天空染回蓝色。

"随着空气质量的恶化，阴霾天气现象的增多，天空不再湛蓝，白云不再高远。罪魁祸首就是雾霾。"在主持人的凝重声音的伴随中大屏幕上播放出"雾霾扩散"的视频，为大家讲述了雾霾带给我们的危害；又引出了留给大家的思考：如何去保护我们的地球妈妈，让它不受灰色幽灵的迫害？两个班的同学在最后一个环节，向全校的师生展示了他们制作的预防雾霾的宣传展板，以及亲手制作的"空气净化器"，更激发了全校同学的兴趣和环保从我做起的决心。

在这次展示中，六年级（9）班和六年级（10）班中队为我们讲述了爱护环境的重要性，并倡导每个人都能从小事做起，爱护环境，希望大家都能一起努力，保护好咱们美好的家园，让绿色，蓝色与我们同在。

2."室·家"文化课程

（1）"海娃在成长"——"海韵"班级板报展评活动

一直以来，七一小学系列开展"海韵"教育教室文化展评。它以优势促发展，以追求育人质量为核心，以实现办学目标为准绳；通过以点带面，重点突破的发展方式，打造富有特色的教室文化，为学生全面而有个性的发展奠定基础；让全体师生在"海韵"教育中，拥有海洋情愫，拥有七一精神。

2016 年 3 月，紧密结合"海韵"教育，我校少先大队开展了主题板报评比：板报的主题统一为"海娃在成长"。板报的主题画也为学校制作的统一模板，由浪花、帆船和七一精神组成。这次活动都得到了全校各班的高度支持与配合，每一个班级都为此次的展评做了精心的准备，师生以最佳的状态和最好的态度参与到活动中，对同学们来说起到了一定的教育影响。全校高质量、高效率地完成了黑板报的制作。

在整体非常好的情况下，有一些班级的板报的确深入人心，字迹工整有特色：一二年级的板报生动活泼，版面搭配、图案等效果突出；三四年级的黑板报板书整洁、美观、端正、图文并茂；五六年级的板报内容丰富，教育意义强、可读性很高。总之，每块黑板报上的字和画都凝聚着班主任老师和同学们的汗水和心血，展示出了班级独有的特色，可以说各具风采。

本次评比少先大队成立了评审小组，共评选出一等奖 32 名，二等奖 25 名。在全体师生的共同努力下，这次"海娃在成长"——"海韵"黑板报展评活动取得了圆满成功！我们坚信，日后的各项工作也会越做越好，"海韵文化"也将会浸润孩子们的心灵！

（2）少先队组织开展"拥有七一品质做美丽少年"——黑板报展评活动侧记

为加强班级环境文化建设，提高班级环境文化育人功能，促进学生进一步践行"七一品质"，2015 年 10 月，学校少先队大队组织开展"拥有七一品质做美丽少年"主题黑板报展评活动。

本次的黑板报展评内容主要围绕"七一品质"，重点体现学生在践行过程中所做的事情，是学生争做美丽少年的行动缩影。各中队积极响应少先队的号召，板报组成员巧妙设计，做到主题突出；教育意义鲜明；图文设计美观、新颖。在中队辅导员老师的精心指导和小干部们积极地参与策划下，此次黑板报各具特色，精彩纷呈。每幅板报作品都体现着七一学子对七一品质的诠释。

黑板报，作为少先队教育的主阵地之一，在美化班级建设，强化班级文化，培养学生能力等方面起着十分重要的作用。本次活动评委团由大队辅导员以及六年级全体宣传委员组成，评出一、二等奖。它既陶冶了队员的情操，培养了他们动手、动脑的能力，更对"七一品质"的教育成果进行了展示；为营造浓郁的校园教育文化氛围，表达了全体学生共同的追求——"拥有七一品质做美丽少年"涂下浓墨重彩的一笔。

（3）"爱满七一幸福成长"班级文化——特色黑板报、壁报展评活动侧记

为创设富有特色的校园文化，展现各班朝气蓬勃的风采，形成独特的班级人文氛围，七一小学少先队于 2017 年 9 月份开展了班级文化环境布置暨黑板报、壁报展评活动。

在中队辅导员与队员们的共同努力下，一面面班级文化墙熠熠生辉，一朵朵"班级之花"竞相开放。各中队新颖的构思，精美的设计和布置无不洋溢着浓浓的创新氛围。此次黑板报围绕"爱……"为主题，66 个中队在辅导员的带领下积极准备、认真设计，每个中队都有自己的亮点和创意，细微之处都渗透着师生们的智慧和创造力，体现着师生们的审美情趣和艺术才华，诠释着班级成员对未来的理想和期望，展示着师生们对班级文化的独特理解。走进教学楼，各班的室内文化墙壁报上贴满了学生自己的"得意之作"：有自己创作并精心装饰的暑假读书笔记，有孩子用巧手设计的祝福卡、纸布艺、图画素描，有优秀书法作品……每个班的班级文化墙都富有创意，构思巧妙，各具特色，可谓是丰富多彩！

班级的每一面墙壁都会说话，每个角落都会传情、启智，班级文化墙成为七一小学师生共创的一道无声胜有声的教育风景线，不仅发挥了中队辅导员的创新理念，展示了学生的才华，又营造了浓厚的文化氛围，推进了班级文化建设，为校园增添了亮丽的一笔！相信队员们将会在这精彩文化的涵育中健康快乐地成长，使班级真正成为大家的学习乐园、心灵憩园、幸福家园。

（4）少先队开展"海娃感恩老师"——"海韵"黑板报展评活动

为加强校园精神文明建设，营造良好的校园教育氛围，彰显班级文化建设魅力，培养学生爱校如家的意识，进一步促进学生的健康成长，进一步深

化"海韵"课程精神，我校少先队在九月举行了"海娃感恩老师"主题黑板报展评活动。

2018年9月开学以来，各班都积极响应少先队大队号召，有的班级的板报是师生齐动手共同设计并完成，有的班级的板报是学生独立设计并完成，都做到了主题突出，教育意义鲜明、图文设计美观、新颖，教育内容丰富。进入教室，一幅幅设计新颖，主题鲜明的黑板报呈现在眼前。各班板报都凝聚着老师的心血和学生的智慧，展示出了班级独有的海韵特色。

班级板报是校园文化的一个窗口，也是对学生进行教育的重要阵地，此次板报评比活动又一次丰富了学生的校园生活，锻炼了学生的动脑、动手等综合能力，通过参评也提高了学生的审美鉴赏能力，巩固和促进了学校校园文化和班级文化的建设，对推进海韵文化和尊敬教育以及班级特色文化建设起到了很大的推动作用。

（5）"爱我七一"迎校庆创意海报设计活动

在即将结束的九月，我们七一小学进入迎60周年校庆的筹备和展示阶段，为弘扬爱校精神，展现七一风采，体现七一学子的创新精神和集体智慧，规范学校海报设计，学校少先队大队面向三至六年级队员开展"爱我七一·迎校庆60周年创意海报设计活动"。

此次活动以中队为单位分别为展示阶段的班级合唱比赛、广播操比赛、美术书法展以及"少年与海"舞台剧设计海报；要求设计力求展现七一学子的风采与活力，追求积极健康向上的校园文化生活。坚持思想性、艺术性与观赏性的有机统一，作品展现形式、风格不限。旨在充分调动队员们的积极性，激发队员们的创新能力，促使他们更好地认识自我，关注学校大事。在各班的大力协助和密切配合下，我们最终将收集到的40幅参赛作品，展示在学校的北门文化墙上，并组织全校同学利用课余时间前来观看，彼此学习借鉴，使我们的展示区观众络绎不绝，好评不断。

总之，活动的开展为队员们又一次提供了自我展示的平台，全面展现了他们的艺术风采和精神面貌，丰富了校园文化生活，提高了他们的创新能力，培养了他们积极向上的心理状态。同时，活动得到了中队辅导员老师们的大力支持，也得到了同学们的积极参与和帮助。为我们的校庆活动增添了浓墨重彩的一笔。

3. "艺·美"活动课程

（1）彰显风采海娃之声合唱比赛

为了丰富学生课余生活，营造和谐向上、健康文明的班级氛围，促进学校艺术教育活动的普及和提高。七一小学少先队组织在校庆来临之际，在报告厅举办了"迎校庆海娃之声"班级合唱比赛。

活动得到了二至六年级各中队的积极参与，在各中队辅导员和小干部的认真组织，精心策划下，保证了活动的顺利进行。在音乐老师们的辅导下，组织队员们勤加练习，让走廊上飘荡出嘹亮的歌声，班级内浮现出微笑的脸庞，将源自内心的斗志传达给所有人，用歌曲代表心声，用声音表达愿望。在比赛演唱中队员们激情高昂，各显特色，异彩纷呈，台下掌声此起彼伏。大家用动听的歌声，唱出了对党、对祖国、对学校、对生活、对未来的热爱，带给我们听觉上的享受和心灵上的震撼。

此次合唱比赛活动，中队辅导员和全体队员们都付出了很多的辛勤和努力，才赢得了异彩纷呈的舞台。这样的活动不仅仅是一次比赛，更是一次熏陶，它引领同学们沿着梦的方向，触摸幸福，踏上新的征程。赛后红领巾小记者采访队员们对参加此次活动的感受，他们纷纷反映，通过比赛加深了师生之间、伙伴之间的感情，提升了班集体凝聚力、荣誉感，感受了集体主义精神，促进了班级文化建设，有利于良好校园文化的营造，充分弘扬了当今队员蓬勃向上与阳光健康的时代精神，为我校60周年华诞增添了浓厚的文艺氛围。

（2）彰显风采海娃之美广播操比赛

为了丰富校园文化生活，增强学生身体素质，切实抓好校园精神面貌的建设和日常行为规范训练，规范班级管理，提高学生的广播操质量，本着"培养学生集体意识，增强班级荣誉感和凝聚力，促进学生德、智、体全面发展，发扬奋发向上的体育精神"的原则，我们七一小学于 2014 年 9 月 25 日早晨在学校大操场举行《七彩阳光》《希望风帆》广播操比赛。

这次比赛引起了全校师生的极大重视。赛前少先队大队、年级组长、体育老师及各班班主任根据比赛要求和比赛的内容，精心策划、密切配合、积极训练。他们充分利用上午广播操时间让每一位同学掌握动作要领，节奏和力度要求。少先队利用广播时间积极做赛前动员。比赛时，各个班级列队入场、进入操场时做到步伐整齐、口号洪亮、动作有力、精神抖擞，神采飞扬，随着广播操轻快的节奏，同学们动作标准、有力、优美。评委老师们认真地从动作、服装、进出场、精神面貌等方面进行全面评分，本着"公平、公正、公开"的原则，评选出了一、二等奖。

通过这次比赛，对学校广播体操整体水平的提高起到了推波助澜的作用，培养了学生的组织纪律性，增强了学生的集体荣誉感，而且展示了七一小学学生奋发向上的精神风貌！比赛不是目的，更重要的是培养学生良好的做操习惯，让学校的广播操形成一道靓丽的风景线。让学生真正在校园里健康快乐地成长！

（三）七一海娃实践课程

七一小学"海洋、海韵、海娃"三海活动课程的精髓即为"活动体验"，努力克服简单、低效活动的弊端，有计划、有目的、有内容、有重点地组织开展丰富多彩的主题活动，引导学生通过亲身实践体验，形成"七一精神"。

1. 美创实践课程

激发学生积极参与艺术、科技活动的热情，培养学生艺术、科技素养，提升未来社会适应能力。主要内容包括"童心向海"艺术节、"扬帆远航"科技节、各种特色艺术、科技项目的校内比赛、对外交流活动、参加"师爱无尘——我和老师有个约会"、"九九艳阳天"、星光大道、最美乡村教师等公益演出活动、参加世界全国、市、区艺术、科技竞赛；艺术社团活动等，形成了系列美创实践课程。

（1）少儿芭蕾舞剧《少年与海》

2014 年，我们与首师大的专业团队合作，量身打造了一部融学校办学理念和培养目标为一体的大型少儿芭蕾舞剧《少年与海》，此剧反映了当前学校多姿多彩、学生趋之若鹜的校园文化生活，教育孩子们做有梦想、敢挑战、有宽容、能坚持、有感恩、能合作的优秀少年，激发孩子们拥有海洋情怀、建设强大祖国、胸怀感恩之心、报效伟大祖国的汩汩热情。迄今六场公演取得了极大的成功。这是一本对学生进行人生观、价值观改造与固化的生动教材，这是一项推动全区未成年人思想道德建设、创建全国文明城区的惠民举措。演出后我们将剧目分解到各年级的舞蹈课中，培养全体学生的艺术素养，并将这部舞剧作为七一小学的保留剧目传承下来。

白朗宁曾经说过："艺术应当担负起哺育思想的责任。"巴尔扎克也指出："艺术乃德行的宝库。"艺术不仅仅是舞台上的表演，更是思想道德的宣泄。正是基于深刻的解读，学校多渠道拓宽未成年人思想道德建设工作的实效性，让孩子沐浴艺术的阳光，创造精彩。

艺术团在平日的紧张排练中，每一个细小的环节我们都会讲明事理，提出要求，相互监督，纠正行为，以严爱相济、培树新人的育人理念，塑造德艺双馨的人才。我们欣喜地看到，集合的一声令下，同学们快静齐的可爱身影，紧张的反复练习，同学们精力充沛的认真态度，同学们在备场时懂得有序安静，化妆时懂得排队等待，上车时懂得相互谦让，就餐时懂得珍惜节约，一个由小学生组成的演出队伍能做到这一切，时时引来周围各个演出团体的声声赞赏和佩服的目光。舞台上的孩子们更是令人骄傲，生动的表情，舒展的动作，深情的表演，描绘出我校艺术教育灿烂的篇章。

（2）"扬帆远航"科技节

2015 年 9 月举行了精彩有趣的"扬帆远航"科技节。机器人、DI、金鹏、无线电等社团师生登场，展示比赛的精彩场面、讲解内含科学原理，最让孩子们喜欢的是讲解后马上提出跟讲解有关的问题，台下学生积极参与，竟然 100% 回答正确，令全体老师赞叹不已。

社团展示后，到了全体学生创意制作时间了：以四人小组为单位，用一张 A4 纸，制作出一个可以让一名同学穿过的纸质圆环；难度不算低的题目可难不倒七一小学聪明的同学们，不一会儿台上就出现了十名获奖者，校领导为这些"智慧的小精灵"颁发了奖品，并鼓励他们继续努力创新。

活动的高潮是我校六年级同学进行的环保作品游行展示，同时五年级的十个同学用手工制作组成了一艘远航船涌上主席台，一名小旗手在船头缓缓挥动队旗，银色的海波也随着音乐慢慢流淌。全场的气氛在游行中达到巅峰，同学们对五花八门的环保作品显出了极大的兴趣，主持人老师也化身为绿色的小恐龙在场地中推波助澜、活跃气氛，老师和同学们纷纷和游行队伍合影，全场化为欢乐的海洋。

玩中学科学、玩中探奥秘、玩中长智慧、玩中增兴趣。

（3）"童心向海"艺术节暨银帆合唱团专场音乐会

伴着花的芳香，踏着歌的节拍，2018 年 6 月 6 日下午两点，在这个激情如火的日子，在这个充满欢乐的时刻，"艺在途中"七一小学"童心向海"艺术节暨银帆合唱团专场音乐会在国图音乐厅拉开帷幕。演出前，大家首先观看了"艺在途中"合唱团专场音乐会宣传片。片中展示了合唱团自 1995 年成立以来由小变大、由弱变强，一路走来的风雨历程，体现了学校对艺术教育以及对专家引领的高度重视。展示了教师团队的执着奉献和勤奋努力，回顾了合唱团多年来取得的优异成绩。学校为孩子们提供一方展现自我、提高自我的广阔天地。孩子们在歌声笑语中感受艺术之美，享受艺术之乐。

张建芬校长发表了热情洋溢的致辞，她首先向七一小学"浪花合唱团"成立 24 周年表示热烈的祝贺，向百忙中莅临活动的领导和嘉宾以及为本次活动付出辛勤劳动的专家、老师和学生表示衷心的感谢！接着，她向大家描绘了学校艺术教育的理念，同时表达出自己最大的感受就是：幸福，幸福于和谐的团队，幸福于每一个孩子每一天都能够享受健康，享受快乐！张校长表示：学校将一如既往地为广大师生提供展示自我的舞台，追逐艺术教育的梦想永远在途中!

　　音乐会共分为四个篇章。第一篇章:海娃乐航,在朱立老师的指挥和陈鹏老师的伴奏下,合唱团演唱了《儿童经典歌曲联唱》《爱是我的眼睛》和英文歌曲《Sing sing sing》,三首脍炙人口的儿童歌曲尽显小海娃们快乐成长和对美好生活的赞颂;第二篇章:海娃大爱,在王立军老师指挥和王丹老师的伴奏下,合唱团大团和小团共同演唱了《啊!老师,妈妈》,小团则演唱了经典儿歌《七色光之歌》,孩子们在温情的歌声中表达对老师最真挚的爱以及对幸福生活的热爱;第三篇章:海娃求索,在朱立老师指挥和陈鹏老师的伴奏下,合唱团演唱了《夜莺》《欢乐的那达慕》和获奖英文歌曲《LIFE HAS LOVELINESS》《嘀哩嘀哩》,孩子们在歌声中表达了奋发向上、扬帆向未来的七一精神;第四篇章:海娃逐梦,在北京市童声合唱教学领域的佼佼者、从事合唱教学20余年、对童声合唱训练有着丰富的经验和独特教学方法的七一小学合唱团艺术总监张平老师的指挥,以及陈鹏、王丹老师的钢琴伴奏下,合唱团用俄语演唱了歌曲《卡林卡》,在观众们热情的掌声中,合唱团返场演唱了歌曲《青春舞曲》,孩子们在歌声中抒发了对梦想的不懈追求。合唱团的孩子们用中文、英文、俄语献上了12首风格不同的合唱曲目,还有22名舞蹈团、管乐团同学为演出伴舞、伴奏。整场观众陶醉在这一个半小时的听觉盛宴中,阵阵掌声响彻整个大厅。现场气氛热烈而温馨,观众从合唱团孩子们的天籁歌声中得到了美的享受。音乐会尾声,当独唱《歌唱祖国》的嘹亮歌声响起,孩子们手持五星红旗缓缓进入舞台中央,通过优美的舞姿演绎祖国的高山、奔腾的黄河长江、宽广美丽的土地、人民战胜苦难走向繁荣富强……一时间台上台下在高亢激昂的旋律中真情涌动,共同用美妙的歌声献礼十九大;台下的同学们激情满怀挥舞着手中的小国旗,用深情颂歌伟大的祖国,在七一前向党的生日献礼,全场热血沸腾!演出结束后热烈的掌声经久不息……七一的艺术教育也将在党的指引下继续前行!整场演出,合唱团给观众们留下了深刻印象,他们或明亮,或清澈,或激昂,或温暖的音色、无邪的微笑、俏皮的表情令在场之人无不为之动容。在现场如潮的掌声中，本次音乐会圆满落幕。

此次音乐会，为了引导学生有一种更高远的艺术追求，学校荣幸地邀请到中央音乐学院附中青年小号艺术家陈嘉伟。他曾连续两届获得海淀区中小学生艺术节独奏比赛一等奖、北京市艺术之星称号，在国家大剧院进行专业展示演出、被国际小号协会授予"国际青年小号艺术家"称号。他演奏的《威尼斯狂欢节》是一个经典的小号独奏曲目，在乐曲之中富含着优美的旋律以及高难度的小号技巧。

一直以来，七一小学不仅重视学生舞台上的表演，更加重视学生对艺术鉴赏和欣赏能力的培养。每一次演出，台下的孩子们通过用心观看、聆听、感悟学会发现美、欣赏美和创造美。此次音乐会，台下五年级的同学们全身心地投入到观看中，在动人的旋律中读懂音乐、了解音乐。他们陶醉在袅袅的歌声中流连忘返，每当听得入迷之时报以热烈的掌声……

七一小学"浪花"合唱团是七一小学众多学生社团中的一颗璀璨之星，也是七一小学艺术教育的骄傲。它成立于1995年，2015年被市教委授予"银帆团"称号。成立以来历经了20多年的风雨历程，合唱团不断成长发展，为喜爱音乐的孩子们提供了一方展现自我、提高自我的广阔天地。学校聘请著名的童声合唱训练专家张平老师为合唱团艺术总监；聘请解放军军乐团教员兼指挥王雷老师为艺术指导。两位专家对童声合唱训练有着丰富的经验，独特的教学方法，以及精湛的指挥水平，他们非常注重艺术水准的把握和舞台艺术的呈现，在高超的指导和精准的训练下，合唱团形成了和谐纯净、天真活泼的演唱风格。多年来，浪花合唱团在各类展演中成绩显著，蜚声中外。曾荣获美国好莱坞"天使杯"世界青少年比赛第二名；北京市和海淀区两级艺术节展演金奖。此外，合唱团曾应邀赴美国、德国、法国、比利时、荷兰、瑞典、芬兰、丹麦、新加坡等国，参加国际艺术交流活动；多次参加中央电视台、北京电视台的大型公益演出活动。孩子们走到哪里，哪里就有天籁般的歌声。孩子们不仅是善于歌唱的精灵，更是友爱与和平的使者。七一小学的艺术教育紧紧围绕"培养德艺双馨的美丽少年"的中心点，秉承"普及与提高""育人与学艺"相结合的美育理念，将艺术教育融入课程、融入活动，以别开生面的教育教学方式，让孩子们在接受声乐训练与素质培养的同时，在歌声笑语中感受艺术之美，享受艺术之乐。

合唱是一项重要的美育手段，合唱团不仅是一个合唱表演的团体，更是一个陶冶心灵，培养兴趣，让孩子们健康快乐成长的艺术摇篮。学校将以举办此次合唱专场音乐会为契机，在美育工作中继续深入贯彻落实十九大精神，进一步创新美育形式，深入校园、植根课堂，全体团员将再接再厉，不忘初心，怀揣着对艺术的梦想，在艺术的征途中一路欢唱，尽情描绘辉煌的明天！

（4）"海娃逐梦"首届戏剧节展演活动

2017年6月1日，在清新的初夏时节，七一学子们又迎来了自己的节日——"六一国际儿童节"。为了给孩子们提供一个专属的欢乐舞台，启迪他们的艺术梦想，展示天真活泼的精神风貌，上午九时，七一小学"童心向海"艺术节暨"海娃逐梦"首届戏剧节展演活动拉开帷幕，校园里到处洋溢着节日的气氛，全体师生沉浸在欢乐的氛围中……

演出开始前，张建芬校长发表了热情洋溢的致辞，她向全体同学送上节日的祝福，并希望通过开展戏剧展演，让同学们在听、说、唱、演中了解戏剧、走进戏剧、热爱戏剧；在戏剧的舞台上，尽情展示梦想，感受艺术的魅力。

这是一场别开生面的演出，一次艺术与美的体验。剧目的形式与内容可谓丰富多彩：不但有课本剧《晏子使楚》《负荆请罪》《抗战小英雄》；文明美德情景剧《装病》《校园的早晨》《车站小风波》；环保宣传剧《穿越时空只为水》《拯救海洋记》《流浪的电池》；还有童话剧《白雪公主》。小演员们在舞台上清晰流畅、大方自如地演绎着自己的角色，其间还穿插了许多高质量的舞蹈、歌唱表演，加上自制的精美道具，充分展现出七一小学全体师生的才华与活力，多角度地展示出七一小学"向真、向善、向美、向上"的校园文化，得到了全场观众的交口称赞。

在戏剧展演交流的活动中，既有让人忍俊不禁地诙谐表演，也有充满真善美的人性呼唤。台上一分钟，台下十年功。为了心中的舞台，同学们在紧张的学习之余，牺牲了课余时间背台词、练走台、找默契，每一次排练都是那么有板有眼；不怕任务少，不怕角色小，只要认真，小角色也能充分展示自己，也能吸引大家的目光。同学们的演出，最辛苦的是老师们：为了这次戏剧节，老师们统筹谋划，亲自指挥每一个节目的排练；为了演出取得好的效果，老师们耐心地身传言教每一个动作、每一句话、每一个细节；可以说孩子们受益匪浅了，而他们的每一点进步都离不开老师的巨大付出。

此外，戏剧节上七彩坊相声社团的群口相声《四字歌》、七彩坊古彩戏法社团的《奇幻"古彩"》、民族弹拨乐团的《放歌彩云间》、街舞和健美操团的《加油吧，小海娃！》同样精彩绝伦。那精彩纷呈的社团表演，更体现出七一学子积极向上，朝气蓬勃的精神风貌，使校园成为欢乐的海洋，博得了观众雷鸣般的掌声。

校园首届戏剧节的举办，为同学们提供了一个展示艺术才华的大舞台，得到了学生们前所未有的参与热情，真正让孩子们成为舞台的主角，实现他们心中奇妙的戏剧梦想。它不仅凝集了七一小学全体师生的辛勤与智慧，展示了孩子们的活泼个性，同时让孩子们尽情去参与、去体验、去感受、去发现自己的亮点，去飞扬自己独特的个性；在精彩纷呈的活动中，为孩子们编织着欢乐的童年，颗颗艺术的种子播洒在幼小的心灵里；进而令他们和我们一起期待下一届戏剧节、期待下一次精彩的呈现。

（5）民族弹拨乐团汇报演出

2017年1月16日下午，七一小学民族弹拨乐团期末汇报演出在学校报告厅礼堂如期举行。学校领导、教师还有学生家长坐满了整个报告厅。七一小学民族弹拨乐团共有近100名团员，由一至五年级的学生组成。为了让所有的孩子都得到锻炼的机会，本次汇报有77名团员参与了演出，来自不同年级、班次的团员们以高超的技巧、完美的表现为家长们演奏了一首首悦耳的民族音乐，让家长们听得如痴如醉，简直享受了一场视听盛宴。

二年级的琵琶班刚刚学习琵琶不到一年的时间，已经演奏得有模有样，小团员们抱着跟自己差不多高的乐器，大方自信的背诵了《琵琶行》，演奏了《老六板》；三年级琵琶班和阮班演奏了《阳春白雪》和《花好月圆》，孩子们个个阳光向上，平时积极努力地练琴，没有一个队员落下，他们对民族音乐的爱已经超出了他们的小小年纪；四年级阮班的团员们真是音乐精灵，他们刚刚学完一个学期就参加了北京传统音乐节的演出，表现超级突出！他们的演奏的《金秋》是专业弹拨乐团演奏的保留曲目，那演奏技能真的可以跟专业院校的大学生们媲美了；五年级琵琶班的孩子们经过四年半的学习，个个都过了九级，成为名副其实的小音乐家。"转轴拨弦三两声，未成曲调先有情"。他们演奏的《远方的个人请你留下来》是中央音乐学院张强教授改编的作品，也是专业团体的保留曲目，孩子们把音乐演奏得玲珑剔透，正是琵琶行中的"大弦嘈嘈如急雨，小弦切切如私语。嘈嘈切切错杂弹，大珠小珠落玉盘"。九个小姑娘把《霸王卸甲》《十面埋伏》两首乐曲演奏的霸气生动，"银瓶乍破水浆迸，铁骑突出刀枪鸣"仿佛让人看到了楚汉相争的战争场面。最后乐团演奏《金蛇狂舞》《铃儿响叮当》《放歌彩云间》三首作品，把音乐会推向了高潮。家长们纷纷表示太震撼了，小团员们个个训练有素，技术高超，大方、阳光、自信，民族音乐对孩子们艺术素养的熏陶，培养民族气质，增强了民族情怀。

齐校长为孩子们点赞，对音乐会给予了高度的评价，并承诺给孩子们搭设更多的平台。最后她希望七一小学的民乐团越办越好，路越走越宽。

（6）舞蹈团"舞姿飞扬、快乐飞翔"阶段成果汇报

七一小学舞蹈团每学期一次的舞蹈阶段成果汇报在学校舞蹈厅如期举行，据孩子们的训练时间和进度的需求分两次对家长进行汇报。12月30日上午一年级汇报，1月19日上午二至六年级汇报。每一个学生家长都来到舞蹈厅观看自己孩子这一个学期的学习成果。

七一小学舞蹈团有近160名团员，由一至六年级的学生组成，其中包括今年新增的旗舞队。这次汇报与以往不一样的地方，是以课堂和表演相结合

的形式，更加细致、全面的让家长了解孩子在舞蹈团里的学习状态。

一年级的孩子们进行舞蹈训练只有一个学期，其中有一部分孩子是第一次学舞蹈，他们从忘记训练、迟到、到全勤训练，在这个过程中逐渐养成孩子们专注学习舞蹈的良好习惯，并且为自己能成为舞团大家庭中的一员而骄傲。这次汇报包括基本功练习和舞蹈小组合的展示，"小豆包"们个个精神饱满、神采奕奕！

二、三年级本学期舞蹈训练的重点是爵士舞，热情洋溢、激情四射以及个性独特的爵士舞让低年级的孩子更加的生动、阳光、自信。本次展示一开始老师带着孩子们一起进行爵士舞元素动作的热身开场；然后是中间基本功练习，包括前、旁后综合性踢腿、搬腿，爵士舞走步、旋转等等；再有是三个爵士舞舞段的表演，其中还包括孩子们特别放松的即兴表演部分。最后是展示练了一个学期的比赛作品《学习的革命》。作品的内容是，孩子们不喜欢家长让自己的周末都被无止境的课外班占满，期待学习的革命，不要让自己度过一个清单式的童年。

四、五、六年级孩子们的基本功、软开度、旋转和表现力都已经上了一个新的台阶，这一批孩子都是表演过芭蕾舞台剧《少年与海》，有着扎实的芭蕾基础训练以及丰富的舞台经验。展示的内容有热身活动、基本功练习、中间平转、大跳等技术技巧练习。当代舞表演部分特别精彩，小组形式的展示，孩子们更加细腻、清晰地表达自己、展示自己。比赛作品《大海我的朋友》结合我校的海洋文化，通过海浪、小朋友两个角色，表达朋友之间的和谐、温暖的友谊之情。慢板的部分更是高难度体现，不仅有高年级女生的大长腿，还有难度较大的搬腿和各种大跳技巧；快板的音乐选自孩子们喜欢的电影《疯狂动物城》的主题音乐。孩子们在节奏感很强、特别欢快的音乐中表现自己。

观看的家长们一会儿拍照、一会儿鼓掌，一起互动，欢笑声、尖叫声、此起彼伏的掌声全部融合在一起，为我们汇报展示画上一个圆满而生动的句号。相信这样真实、快乐、充满希望的亲子体验感受将会深深地藏在我们的心里，一直激励着、鼓励着我们继续前行。七一舞蹈团在家长、学校领导、资深专家的大力支持下，将会更稳、更坚定、更幸福地迈向新的 2017 年！

（7）书法艺术家走上学校讲堂让翰墨在校园飘香

2017 年 5 月 26 日下午，书法家郑轩老师走进七一小学书法课堂，来参加学习的不仅有学校书法社团的学员，还有爱好书法的学生和老师，郑老师不仅带来了书法系列丛书、"黄金结字格"纸，还为我们上了一节生动有趣的书法课。

郑老师向学生讲述了什么是书法、书法艺术、汉字的演变及其书写特点、六种造字法、结构与黄金结字率及笔法、墨法与章法；尤其是针对小学生进行了书法基本功——间架结构的讲解与训练。大家兴趣盎然，纷纷感到"黄金结字率"在学习书法过程中不仅易懂，也是学好书法间架结构的重要方法。

愉快的学习总是让人觉得时间不够，大家投入到认真练习中，郑老师走进我们中间，随时解答各种问题，指导大家书写，不知不觉一个半小时的培训轻松愉快地度过，老师和同学们还在意犹未尽中就结束了本次的学习；但它让参与活动的师生更深地认识到汉字和以汉字为载体的中国书法是中华民族的文化瑰宝，是人类文明的宝贵财富，是基础教育的重要内容。

此次活动是应海军政治工作部群工联络局金雅成处长之邀到学校为师生做的书法讲座，旨在引导学生继承和发扬中华民族传统文化，从小练就一手好字。海军政治工作部群工联络局胡建波干事全程参与活动。活动中，师生感受到了海军干部战士的关心和帮助，提升了师生的个人修养。

2. 鲜艳的红领巾实践课程

红领巾实践课程主要内容包括主题升旗仪式、少先队小干部大讲堂、少先队小干部先锋论坛、少先队活动课、少先队浪花鼓号队、"我爱少先队"队前教育、"红领巾相约中国梦"主题队日活动、"红十字博爱周"、"阳光小海娃"雏鹰假日志愿服务、海娃文明微活动等，形成了丰富多彩的红领巾实践课程。

（1）主题队日活动

六月一日的七一小学操场上队旗飘飘，歌声嘹亮，一年级新队员的入队仪式在这里温情上演。为了让每位一年级同学都能体会、记忆这美好的时刻，少先队大队精心策划了活动内容，特别邀请来全体新队员的家长，为自己的孩子佩戴上第一条红领巾，参与、见证孩子入队这一光荣时刻。

早7：50，全体一年级小同学与爸爸妈妈手牵手面带着笑容，怀揣着欣喜与激动在操场站定。庄严而隆重的入队仪式在新老队员代表手牵手充满温馨的对话中拉开了帷幕。在音乐声中，爸爸妈妈和新队员们齐唱起嘹亮铿锵的队歌——《我们是共产主义接班人》。大队辅导员杜文雯老师充满激情地宣读了445名新少先队员的入队决议。家长们亲自将鲜艳的红领巾系在了孩子们的胸前，一张张小脸洋溢着激动与兴奋。一年级的小同学们入队前很用心地绘出自己的梦想画，他们将这幅带着梦想和回忆的绘画送给了爸爸妈妈们，让爸爸妈妈们共同见证，让这幅画成为他们今生最难忘的留念；接着，一年级的新队员代表用稚嫩的声音表达了对爸爸妈妈的爱，新队员们把第一个庄严队礼献给最爱的爸爸妈妈；然后又高举右拳，在鲜艳的队旗下庄严地宣誓。鲜艳的红领巾映着新队员朝气的脸庞，那是他们在为自己加入到"中国少年先锋队"这个大集体里而骄傲自豪。

整个入队仪式洋溢着浓浓的温暖之情，特别是张建芬校长在热情洋溢的讲话中，还对新队员提出了谆谆教导和殷切期待，并诚挚地希望辅导员老师一如既往地把爱心和热情献给孩子，把智慧和敬业倾注于红领巾事业，做少先队员亲密的朋友和快乐成长的引领者。在此次活动中，一年级共有12名老师被聘任为中队辅导员。相信在中队辅导员的带领下，一年级的新队员们会像一只只雏鹰，在少先队的蓝天中健康成长，自由翱翔！入队仪式结束后，全体一年级新队员向前来参加活动的爸爸妈妈们做了精彩的广播操展示，认真的样子更赢得了家长热烈的掌声。

我们的入队仪式庄严而隆重，而新队员们标准的队礼，坚定的眼神，更表达出队员们在星星火炬的指引下不忘初心，努力学习的决心。这一刻将永远留在他们的脑海中,这一天必将成为新队员人生中的一篇美妙动人的乐章。

(2)七一海娃文明微活动

告诉孩子具体怎么做,远比只告诉他们原则甚至大道理要实在和有意义得多,"学守则,见行动",组织学生开展海娃文明微行动,每学期都会根据上一学期的表现提出具体要求,比如:"节约水电手勤快、见面问好挂嘴边、不丢纸屑见到捡、爱护公物真实践、光盘行动养节俭"等,在日常学习生活中以《守则》为镜子,具体而微,脚踏实地。

行为养成贵在坚持,我们欣喜地看到孩子们良好习惯的初步形成:见面主动问好、就餐安静有序、上课积极思考、课间安全游戏、楼道相互谦让、活动热情参与……

(3)海娃心向党喜迎新学年

2017年9月1日上午,七一小学2017—2018学年第一学期开学典礼在学校操场上隆重举行。在党的十九大即将召开之际,学校把新学年开学典礼的主题定为"海娃心向党",旨在更好地培养学生对党的朴素感情,号召全体学生心中有党、心中有祖国、心中有人民,并牢记党和人民的嘱托,全面发展,做党的好孩子。开学典礼由德育副主任杜文雯带领六年级(9)班杨润宁同学主持。在庄严的升旗仪式后张建芬校长发表热情洋溢的致辞,她首先向442名活泼可爱的一年级新生及回到七一大家庭的老师和同学们表示最热烈的欢迎。在新学期伊始,她向同学们提出了三点希望:希望同学们心中有党,心有祖国,做党的好孩子;希望同学们心有学校,心有他人,做"七美少年",为七一增光添彩;希望同学们心有规则,心有榜样,做勇于进取、倾力筑梦的人。七一小学全体师生也将不忘初心,继续精诚团结,奋发努力,开启新的梦想。

七一小学是一所有着红色历史的学校,是全北京唯一一所以党的生日命名的学校,全体师生倍感幸运和幸福。在党的十九大即将召开之际,学校在假期开展了"海娃心向党"主题活动,同学们通过各种方式表达了对党的十九大的关心和关注，少先队员们精心梳理出了最美好的十九个心愿，19位队员代表与大家分享了七一海娃的 19 个心愿；其中有 5 位队员的生日就是 7 月 1 日，和党同一天生日的最最幸福的"七一小海娃"在开学典礼上向全校同学、向海淀区、向北京市、向全国少先队员发出热爱中国共产党、热爱祖国、热爱人民的倡议，让所有少先队员在心中都种下了一颗爱党爱国的种子。而后，老师们为一年级小同学贴上一颗寄托着美好祝愿的"闪亮之星"，愿他们在党的温暖阳光下绽放光芒，眼明心亮，发奋读书。六年级少先队员为他们赠送"七一品质"口袋书，希望弟弟妹妹们成为拥有好习惯、好品质有理想、有智慧的小海娃；之后由一年级组长郭春梅老师带领新生入学宣誓，二至六年级的少先队员们再次重温誓词。

海淀区委教工委书记助理、海淀区教育党校陈岩校长在听了孩子们的心愿、倡议、宣誓后也为师生们提出希望：希望全体教职员工坚持"四有"好教师标准，争做学生锤炼品格、学习知识、创新思维和奉献祖国的引路人；希望同学们要在培养必备品格上下"实功夫"，在学业能力上下"真功夫"，在体育健康上下"硬功夫"，成为正直善良、乐学成志、健康向上的阳光少年。

最后，全校师生挥舞着"小国旗"跟随合唱队队员们共唱幸福歌《我们曾在一起》，用歌声表达将沿着革命先烈的脚印，靠近党，追随党，努力做党的好孩子的坚定决心！用歌声把祝福送给党，送给祖国！

新学期承载理想的风帆已经扬起，美好的征程已经呈现在我们面前，全体七一人在张建芬校长的带领下满怀信心与激情地站在新学年的起跑线上，携手并肩，砥砺前行，迎接更加辉煌的明天！中央电视台播报此项活动。

（4）"阳光小海娃"雏鹰假日志愿服务活动

为进一步弘扬"奉献、友爱、互助、进步"的志愿者服务精神，传承雷锋精神，引导少先队员广泛参与志愿服务活动，丰富假期生活，从小培养主人翁意识，对社会的责任感，大力提高我校学生综合实践能力和创新意识，在暑假和新学期，七一小学启动了"阳光小海娃"假期志愿服务活动。

七一小学少先队小志愿者们在志愿服务的岗位上忙碌不已：先后参加了北京市仁爱慈善基金会下设的红莲心栈的"奉送爱心粥"公益活动、街道举办的青少年环保手抄报制作活动以及在海军大院开展"为大家服务"活动、社区公益环保活动、小小交通协管员活动……少先队员们不但给他人送去了温暖和祝福，也从中学会了关心他人的途径与方法，用实际行动传承了中华传统美德，也令队员们感受颇丰。四年级（8）班中队阎家祺说："我送出了三杯爱心粥，没有想象的那么难，反而让我觉得很骄傲，我能献出一点我的爱心，让接受的人微笑，我就觉得很开心。"四年级（5）班中队的程菲雅说："看到垃圾，我很心疼环卫工人。我希望大家不要乱扔垃圾，人人成为志愿者，有环保意识，宣传环保，为环保尽一份力。"

通过志愿服务活动，学生们不仅在实际生活中践行了社会主义核心价值观，还充分发挥志愿服务精神在文明创建和未成年人思想道德建设中的重要作用。

（5）"好书伴成长"捐书活动

"捐一缕书香，献一片真情"。为了新疆和田地区中小学生的读书梦，根据团市委对口援建新疆工作安排，我们七一小学少先队大队积极响应号召，于2018年1月10日~15日发动少先队员开展"好书伴成长"爱心捐书活动。

少先队大队利用升旗仪式，红领巾广播呼吁、动员队员们人人献出一份爱心。号召队员们捐献出适合小学生阅读的书籍，为新疆和田地区的小伙伴们奉献一份精神食粮。此次捐书活动为期四天，于1月15号结束。倡议一经发出就受到了全校队员的广泛支持和积极响应，他们纷纷从家中拿来自己最喜爱的图书送到学校捐书点，现场气氛让人虽处寒冬腊月，却倍感暖意浓浓。

翻开书本，队员们还在书籍的扉页上写有学校、班级、姓名以及自己喜欢的格言和对新疆和田伙伴们最诚挚的祝福，给他们带去自己的关心和慰问。捐书活动结束后，经统计总共3344册。保安叔叔们开始对书籍进行整理，打包和装箱，捐书堆积成一座座小山，是一份份的爱心汇集成的海洋，将流向新疆和田的孩子们的心田，会让他们看到更广阔的世界，怀揣更远大的梦想，走向更美好的明天。

书籍承载着一份爱心，更承载着一份梦想。希望队员们的爱心能为新疆小伙伴们打开一扇窗，使他们在读书中快乐成长！通过此次活动，也使我们七一小学师生们感知到自己的爱心与社会责任感，也体会到了帮助别人的快乐！

（6）"圆红领巾之梦"队前教育主题活动

灿烂的五月，阳光正好！又到一年一度的"入队季"，七一小学少先队开展 2018 年"圆红领巾之梦"队前教育主题活动拉开了新一轮"红领巾热潮"。少先队大队首先成立了队前教育"手拉手"友谊班队，制订了详细的队前教育计划，高年级队员和一年级小伙伴一对一、手拉手。队员们走进一年级各个班级，从学唱自编的"队知识拍手歌"、行队礼、系红领巾开始，指导一年级同学初步了解少先队的知识，明确入队的意义，提高他们争取入队的积极性和主动性，并且以入队为动力，帮助他们在入队前打下较好的基础，给他们的少先队生涯一个最美好的开端。为激发小同学的兴趣，队员们采用自制多媒体课件、讲故事、编儿歌、做游戏等喜闻乐见的方式方法，使每位小同学快乐地掌握了《队章》的内容，并践行"六知四会一做"2018 年 5 月 24 日早 8：00，一年级全体师生齐聚学校大操场共上队前教育课，首先由大队辅导员杜老师带领同学们观看《少先队规范化入队动画片》，学习中国少年先锋队的名称、历史、队旗、红领巾等知识，教给了大家标准的敬队礼姿势，并练习唱队歌、宣誓，还对小同学们进行了文明礼仪教育，号召他们入队前为人民做一件好事。现阶段，一年级小同学们以加入少先队为努力目标，在入队前好好学习、遵守纪律、团结友爱，努力向老师、家长汇报那个最棒的自己！队前教育为孩子带来的不仅仅是队知识的初步学习，更多的是对即将加入的这一组织，充满了无限憧憬和向往。入队是一次自我挑战，也是一次理想起航。通过一系列队前活动的开展，增强了队员们的自豪感、荣誉感与责任感，让星星火炬在少先队组织中放射出更加灿烂的光芒。

（7）海娃逐梦情牵"一带一路"爱国主义教育活动

2017 年 5 月 14 日~15 日，"一带一路"国际合作高峰论坛在北京召开，七一小学以"海娃逐梦情牵'一带一路'"为主题开展丰富多彩的少先队活动，引领队员探秘"一带一路"，从而激发队员们的爱国热情，感受自己祖国的繁荣富强，增强队员的民族自信心和自豪感，引导他们树立报效祖国的志向。5 月 15 日，德育主任杜文雯利用红领巾广播向全校师生讲述了"一带一路"的深刻内涵，为大家解码"一带一路"的前世今生：2000 多年前，勤劳勇敢的中国人民用智慧、勇气和汗水开拓了连接亚欧非大陆文明的人文、贸易交流通路，与沿线各国人民共同铸就了辉煌的"古丝绸之路"。千百年来，"和平合作、开放包容、互学互鉴、互利共赢"的丝路精神已深深融入中华民族的灵魂与血液中，成为中国参与全球政治、经济、文化等交流活动的重要依托。为了让学生更深入地了解"一带一路"上的中国故事，少先队大队通过开展少先队活动课，发动队员搜集"一带一路"战略构想提出的背景和主要内容、绘制"一带一路"主题海报和手抄报、绘制已加入"一带一路"的国家的方位图、讲述丝绸之路上发生的历史事件和传说故事、创编"一带一路"诗歌和童谣；多种形式的主题活动让队员拥有家国情怀，增强对国家的认同感、归属感、责任感和使命感，在队员们心中种下了一颗爱国的种子。今后，学校将继续开展多种形式的活动，让队员们能够在"一带一路"的活动中更多地了解国家的战略方针，并有欲望去研究，将自己的发展和国家的命运联系在一起。海娃逐梦，相信通过学习，小海娃们将会更有梦想、有追求、有奋斗，在不久地将来一定能够谱写建设丝绸之路经济带和 21 世纪"海上丝绸之路"的新篇章，为实现中华民族伟大复兴的中国梦做好准备！

3. 缤纷的"节日实践课程"

落实学校办学理念，以生为本，立德树人，结合学校的特色工作，以"节日"活动的方式，提升学生的综合素养，激发学生的情感，培养拥有海洋情怀和国际视野的美丽少年。主要内容包括：

节

名称	日期	内容	教育主题	学校课程
海洋节	3月	海洋主题教育活动	爱国教育	海军海洋
体育节	4月	队列展示、广播操展示、田径比赛、游泳节、足球节等	健康教育	运动健康
艺术节微澜节	5月	管乐专场、合唱专场、舞蹈专场、民乐专场、班级合唱比赛、个人专场、戏剧节、书画展等	美育教育	情趣艺术
感恩节	6月	家庭、学校献爱心活动	爱心教育	公益责任
朗诵节读书节	9月	班级朗诵比赛、年级朗诵比赛、朗诵欣赏、读书比赛等	爱国教育	语言文字
科技节	10~11月	社团展示、知识竞赛、讲座、各种比赛、社会大课堂实践等	科技教育	科技探索
"You and Me"节	12月	演讲、戏剧表演、化装舞会、主题制作展、传统展示等	团结友谊包容和谐	国际理解

日

名称	日期	内容	教育主题
安全日	3月31日	安全教育活动	安全教育
入队日	5月31日	一年级入队	少先队主题教育
环保日	6月5日	环保活动	环保教育
毕业日	6月20日	六年级毕业活动	成长教育
入学日	9月1日	一年级入学活动	成长教育
模型日	11月1日	科技模型制作比赛活动	科技教育
国学日	12月1日	国学欣赏、学习活动	爱国教育

纪念节日

名称	日期	内容	教育主题
元旦	1月1日	庆祝联欢活动	生命教育
三八妇女节	3月8日	献爱心活动	安心教育
清明节	4月5日	清明祭扫活动	榜样教育
五一劳动节	5月1日	热爱劳动教育实践活动	劳动教育
六一儿童节	6月1日	庆祝活动	生活教育
端午节	6月	爱国教育活动	爱国教育
七一建党日	7月1日	热爱党的庆祝活动	爱党教育

续表

教师节	9月10日	献爱心活动	爱心教育
中秋节	9月	赏月活动	生活教育
建队日	10月13日	少先队庆祝活动	少先队主题教育

（1）入学日——梦想起航　我们上学啦！

2017年8月30日上午，七一小学为了让一年级新生尽快适应小学阶段的学习和生活，开展了新生入学培训活动。早上八点开始，家长带着孩子们陆陆续续地跨入了七一小学的校门。孩子们牵着爸爸妈妈的手，满脸好奇地观望着美丽的校园。在老师们的引导下，小同学们迅速地找到了自己的班级。各位班主任老师们早已站在班级门口迎接每一位小学生的到来，家长们把孩子带到所在的班级后，充满信任地把一个个可爱的孩子交到每一位班主任老师的手中。今天新生入学培训的重点是让一年级的小学生们熟悉小学生日常行为规范，具体包括：如何主动与其他师生问好，如何保持正确的站姿、坐姿、队列，如何规范地举手、提问，熟悉校园环境等，老师们深入浅出地对新生进行悉心教导，生动的语言、形象的事例使他们听得入神。通过培训，我们相信小同学们已经初步掌握了成为一名合格的小学生所需要的知识。我们期待在今后的各种学习活动中，班主任老师仍将全力以赴，不负众望，竭力把每一个孩子都培养成独立自主、自强不息、积极进取的明日之星。

（2）"粽艾飘香"端午文化节系列活动

阴历五月五日，是我国的传统节日"端午节"，它承载着一个个美丽的传说及丰富的民俗传承形式，令它成为最具有教育价值的传统节日之一。为了充分挖掘民族传统节日的深厚文化内涵，引导学生进一步了解祖国的悠久历史，感受传统文化魅力，增强爱国情感。在端午节前夕，七一小学少先队大队启动并开展了"粽艾飘香"端午文化节系列主题活动。

"画我心中的端午"绘画主题活动。活动前，队员们在美术老师的引领下，充分了解了我国端午节的由来及传统习俗，为绘画的创作做了全面准备。活动时，队员们发挥丰富的想象力，运用蜡笔、棒棒彩、水彩笔、彩铅等各种绘画工具，描绘出心中传统节日的场景：有的画出了节日里嬉戏玩耍的快乐场景；有的画出了奇特卡通的人和物的造型；有的画出了节日里赛龙舟吃粽子的场面……他们以充满童真童趣的想象和独特的视角表现出了对传统节日的无限遐想和期盼。高年级的队员们还把心中的想法方式展现在 T 恤衫和扇子上，充分展现出当代小学生的文化特点，贴近真实，贴近生活，贴近思想。

"沉浸经典诗文"书写古诗文活动，队员们在书法老师的引领下认真专注，一笔一画精心书写，或舒展开阔，或婉转流美，或雄健有力，在小小的方格之间挥洒自如。"樱桃桑葚与菖蒲，更买雄黄酒一壶""节分端午自谁言，万古传闻为屈原"这类的"端午"诗句在学生手中书写、流传，也使得"端午节"这个传统节日在孩子们心中变得更加立体、鲜活。字里行间，既温习了传统文化的博大精深，又传承了汉字硬笔书法的筋骨气韵

"悠悠端午情"诗词大会活动：2017 年 5 月 26 日中午，经过五年级（6）班和五年级（9）班中队的辅导员和少先队员的精心策划和组织，诗词大会在报告厅热烈召开，精彩纷呈。队员们诵读了苏轼的《浣溪沙》、屈原的《离骚》、文秀的《端午》、杜甫的《端午日赐衣》等脍炙人口的经典佳作，通过吟诵的形式表现传统文化之美，在优美的诵读和音乐中，深切感受到中华民族文化的无穷魅力。古诗词是我们民族文化精髓的代表，也是世界文化宝库中的一颗璀璨明珠，通过这次活动，燃起队员们对古诗词文化的热情，对古诗文的学习也是大有益处的。

"端午民族精神伴我行"少先队活动课：2017 年 5 月 27 日中午，为了丰富传统文化的精髓内涵，经过六年级（5）班、六年级（8）班和六年级（10）班中队的辅导员和少先队员的精心策划和组织，"弘扬民族传统、学习民族英雄"为主题的少先队活动课在报告厅隆重召开。通过讲述学习英雄人物的事迹，队员们懂得民族英雄、英烈身上体现出的精神——面对国家、民族的灾难，奋起抗争、始终保持民族气节的不屈精神，透过英雄人物的事迹，体会对国家、对民族的热爱，真正懂得中华民族沉淀了几千年的"民族

心、爱国情"。

"端午欢乐季"斗草活动：端午节历史悠久，习俗众多，除了赛龙舟、吃粽子，还有一种"斗草"游戏，也是端午文化的一部分，一年级小同学在大课间活动中组织开展斗草活动。两人各执一根草，相互勾在一起用力一拽，稍脆弱的一方断为两截，而胜利者仍然拿着"武器"去挑战下一个人……最终诞生一个"常胜将军"。小同学们在游戏中回味传统，旧趣新拾。

"端午粽香"包粽子活动：2017 年 5 月 26 日下午，少先队活动课时间，四年级（10）班中队的家长兴致勃勃地来到班里，将准备好的糯米、红枣、粽叶等材料，整齐地摆放在桌上。在老师、家长的共同示范指导下，队员们兴奋地拿起粽叶，认真的包了起来，从"选粽叶、折粽叶、装米、放大枣"到"定型""缠线"，看似简单的每一个细节都要求做到手脚麻利，不能"拖泥带水"。不一会儿，青绿的粽叶与雪白的糯米在他们手中变成了一个个可爱的粽子，望着手中的劳动成果，队员们脸上露出了天真的笑容。端午节即将到来，学校联合家长举办这次亲子主题教育活动，希望队员们在辅导员和家长的带领下，亲自动手实践，进一步了解中华民族悠久的历史文化，增强自己的文化自信，共同将中华民族的传统文化传承下去、发扬光大。通过端午节包粽子的活动，加强队员们之间的交流与沟通，让大家感受到浓浓的端午情和家的温暖。

通过端午文化节的活动让少先队员加深了对民族节日的了解，增强了队员的民族自豪感，体验了端午节的快乐，分享了成功的喜悦，使队员们从小树立了爱国主义情感，并将端午节的风俗继承、发扬下去，传承了民族文化，也让他们度过了一个有意义的端午节。

（3）"喜迎新年共庆元旦"汇报展演活动

歌舞声中辞旧岁，欢声笑语迎新年。在 2018 年元旦即将到来之际，为了丰富校园文化，延续、丰富"节·日"课程，加强生命教育、爱国教育、友爱教育、感恩教育、艺术科技体育教育等，培养学生良好的道德品质、行为习惯，提升专项素质技能。平平安安送 17，高高兴兴迎 18，全校欢聚，沟通情感，相互祝福。展示艺术科技体育教育成果，搭设学生美创的舞台。2017年12月29日上午七一小学开展了丰富多彩的"喜迎新年共庆元旦"系列活动。

从一大清早开始，校园里就洋溢着同学们激动而兴奋的欢笑声。只见有的同学在搬桌子挪椅子，在教室里设计出属于自己的绚丽舞台，而还有好些同学则在紧张的排练自己即将表演的节目。早晨八点，全体师生一起观看了张建芬校长带来的贺岁短片。张校长和少先队员们一起回顾了2017年我们所取得的收获，对新的一年充满着期待和向往，同时向全校师生员工致以新年的祝愿。接着，各年级就开始了自己的重头戏——红红火火的"庆元旦，迎新年"汇报展演活动：六年级各班以"感恩母校"为主题开展联欢活动，同学们在感言中蕴含着对于老师们浓浓的感激之情，话语中时时流露出对学校无尽的感恩与不舍。各班同学精心准备了精彩的节目献给母校、献给老师们：诗歌朗诵、小品表演、歌曲联唱……节目精彩纷呈，掌声热烈持久。还有教师赠言，期望六年级的同学们未来在新的求学之路上为自己开辟一条新的人生道路，为母校增光添彩。小学阶段最后一次的联欢，将在这些孩子们的一生中留下最美好的回忆，懂得了感恩和铭记；五年级和一年级各班、二年级（1）班、二年级（2）班两两结对、四年级和二年级（3）~（10）班两两结对，全员参与。五年级和四年级的同学们从艺术、科技、体育等方面展示自己的技能；一、二年级小同学们进行集体的技能展示。同学们精心准备的舞蹈、合唱、舞台剧、朗诵等节目一一呈现，表演的每一个同学都在积极展示着自己的轻松活泼、朝气蓬勃的精神面貌。很多班主任和科任老师也加入了学生们的节目中，大家在一起表演，一起欢唱，掌声阵阵，笑声连连，像是一家人一样感受着无限的幸福与温馨。

此次活动在少先队的组织带领下，从活动策划、节目编排、作品展示、沟通协调都是全体学生集思广益，充分发挥了小干部和班级的作用，全员参与。

动听的歌声、曼妙的舞姿、幽默的语言、喜悦的表情演绎了快乐的童年，传达了他们对新年的祝福。大家在欢快轻松的氛围中共同憧憬2018年。

（4）庆祝第33个教师节主题活动

九月硕果飘香，九月祝福飞扬。在秋韵荡漾的日子里，七一小学的全体师生迎来了第33个教师节。2017年9月8日上午，全校师生欢聚在操场，开展了"爱在九月献礼恩师"主题教育活动，同庆这个美好的节日！全体教师和孩子们共同分享喜悦，共同庆祝"教师节"的到来。学生们为老师们准备的"三份惊喜"也在一一揭晓。

第一份惊喜是孩子们为老师们制作的独一无二的"DIY荣誉证书"。在每周升旗仪式的荣誉殿堂中，总是老师们为孩子们颁发荣誉证书；而在教师节即将来临之际，孩子们也来为老师们隆重颁奖了：有"中国好老师奖""最美教师奖""最好教师奖"……我们的张建芬校长被孩子们评为"最美校长""中国好校长"。老师们怀着无比激动的心情走上主席台，孩子们隆重的为老师们颁发精心制作的奖状。组长老师们真情流露，感谢孩子们送来的这份"私人定制"的奖励，述说着对孩子们深深地爱……

第二份惊喜叫"说出我们的爱"。在优美的音乐声中，六年级的学生代表全校同学用最淳朴和简单的话语道出了内心最想对老师们说的话，把最真挚的爱和祝福送给亲爱的老师们："老师，您好！""老师，节日快乐！""老师，我爱您！"这声声的祝福，齐声的呐喊，把师生心与心之间的距离拉得更近了……老师们充分感受到作为一名教师的神圣和自豪，脸上洋溢着喜悦与感动……

第三份惊喜是"一个深情拥抱"。老师们走到最爱的孩子们身边，拥抱每一个孩子、学生涌向老师身边拥抱自己喜爱的校长和老师……感动和幸福流淌在每位教师的心间！师生情谊在拥抱的瞬间得以升华……

温馨的教师节活动更坚定了教师对教育事业的热爱与执着的追求。老师们会一如既往地将爱心延续，用人类最崇高的感情——爱，播种希望，播种理想，播种未来……

（5）我们的节日——情满中秋

2017年9月第5周，七一小学少先队大队为欢度中华民族的传统节日——中秋节，激发队员们对民族精神与文化的热爱之情，丰富校园文化生活，举办了"情满中秋"系列主题活动。孩子们提前在校园过中秋节，佳节知月、佳节画月、佳节诵月、佳节唱月、佳节品月、佳节赏月、佳节感恩送祝福，与同伴、老师、家长一起感受集体过节的快乐，校园中洋溢着浓浓的节日气氛，师生们共同感受传统中秋文化的魅力。

二年级（8）班中队的队员和家长们欢聚在一起，体会中秋最美是亲情，中秋最美是感恩。队员们怀着感恩的心，给父母切一块爱心月饼，和家人们开开心心过中秋，共享天伦。

三年级（5）班中队开展了以"月圆人更圆——中秋节"为主题的少先队活动课。大家精心设计，合理安排，分别开展了"知中秋——学习中秋传统习俗""猜中秋——中秋猜谜活动""品中秋——同学共享中秋之乐活动"。邢老师用PPT的形式让同学们在聆听故事中了解中秋节习俗；在猜字谜的过程中了解中秋的来历，在美食中品味中秋节的快乐。

六年级（6）班中队开展了"普天同庆花好月圆——中秋佳节"主题少先队活动课。队员们了解了关于中秋节的来历和传说，知道了月饼的由来，通过观看姜来妈妈在家录制的视频，认知了其他各地的中秋节习俗。猜灯谜，"月"字的成语接龙、飞花令等活动项目点燃了全场气氛，令整个课堂沸腾，特别是最后的"一起过中秋"吃月饼环节更让队员们兴趣高涨，满屋子都是月饼醉人的清香。此次队活动课大获成功，不仅让队员们知中秋、赏中秋，品尝了月饼大餐，也使他们在传统节日文化中享受到了精神的盛宴，更是同学们的辛勤努力和不懈的精神酿造出这个难忘又美好的中秋记忆。

六年级（9）班中队开展了庆中秋节少先队主题活动，通过视频和队员们的介绍让大家了解了月饼的来历及做法，队员还从家中带来了妈妈亲手做的月饼让大家分享品尝。品尝着甜美的月饼，畅聊中秋想到了台湾的亲人，用心愿卡抒发了对台湾同学们的祝福；队员们绘声绘色地讲了《嫦娥奔月》的故事、带来自编的相声《中秋节快乐》，女同学们带来的《但愿人长久》歌舞表演使活动达到了高潮。

为了让一年级的小朋友更深刻地了解和认识中华传统佳节，9 月 29 日中午，五年级（6）班中队的队员们在许老师的带领下，来到一年级（9）班。他们利用午休时间为小弟弟、妹妹们进行了丰富的节日介绍。首先，队员们通过一个自导自演的短剧，为大家介绍了月亮的来历，故事虽短但是深深吸引了一年级小同学的目光。第二个环节，在大哥哥的带领下，小朋友们集体朗诵了《古朗月行》和《水调歌头》，通过诵读古诗，体会了中秋佳节的味道和古典诗词的美感。最后，高年级的队员向一年级学生介绍了中国各地区不同的中秋节习俗，并通过互动问答，调动了小同学认真倾听的积极性。许多同学都积极回答问题，并赢得了月饼作为奖励。一年级小同学都非常高兴，通过短短半个小时的时间既了解了中秋节的知识，还可以把月饼带回家和家长一起分享中秋的喜悦。对五年级的队员们来说，他们自己准备的过程其实就是又一次复习和了解中秋节的知识，向低年级介绍又起到了传承中华传统的作用，可谓是一举两得。

在中秋节当天，全校同学还将与家人一起共赏明月，感恩亲情；与家人一起品尝月饼，品味中华传统文化的魅力。"情满中秋"主题系列活动既营造了校园快乐过节的氛围，又让学生亲身体验了中秋文化的独特魅力，激发了学生亲近传统节日的兴趣。今后，学校会不断深入开展亲近传统节日主题活动，更好地弘扬中华优秀传统文化。

（6）"诵读国学经典，践行核心价值观"国学日活动

2017 年 11 月 13 日上午，为弘扬中华传统文化，增进师生的国学体验，七一小学开展了以"诵读国学经典，践行核心价值观"为主题的"国学日"暨第十二周主题升旗仪式活动。

升旗仪式上四年级（7）班、四年级（8）班中队的队员们古风的打扮，使师生的思绪穿越在古今，不觉中与圣人为伍，以经典为伴。队员们以读书长知识、增智慧、促养成、树理想、育人格，这是他们进行此次"书香溢满校园，经典浸润人生"主题升旗仪式展示的目的。

四年级（7）班、四年级（8）班中队的同学身穿汉服，用儒雅的语调、

饱满的热情、飞扬的神采诠释了自己对《论语》的理解和感悟。他们声情并茂，配以得体的肢体语言，不时赢得全校师生的阵阵掌声。

"读经典的书，做有根的人"，《论语》是我国传统文化中的璀璨瑰宝。开展《论语》经典诵读，寓教于乐，帮助学生在最佳年龄段接受祖国源头文化的熏陶，潜移默化地形成优良的道德思想，并逐渐完善自己的人格。

"蒹葭苍苍，白露为霜。所谓伊人，在水一方。"学生们用那稚嫩、清亮的歌声，将全校师生带入了先秦时代华夏民族乐歌的意境中……也是在这份清新朦胧之美中，四年级（7）班、四年级（8）班中队的同学又为我们吟诵了一首动人的《春江花月夜》，用婉转的歌声描绘了一幅幽美邈远、惝恍迷离的春江月夜图，那自然隽永的语言，宛转悠扬的韵律，余音绕梁，让人意犹未尽。

诵读中华经典，让民族精神在我们血脉中流淌；诵读中华经典，让民族文化支撑我们人格的脊梁。通过这次的国旗下展示，不仅让孩子们在诵读古诗词中陶冶情操，汲取着丰富的中国传统文化营养，还让七一小学的师生们都沉浸在这场古典诗词的盛宴中。让书香溢满我们的校园，让经典滋润我们的心田，让好书伴随我们成长，让经典美化我们的心灵，让我们的生活有诗意，心中有诗情。在弘扬中国文化的今天，中华经典所孕育的精神，必将为我们实现中华民族伟大复兴注入不竭的活力！

4. 快乐的实践课程

为进一步贯彻落实相关工作意见，结合我校特色和学校现状，实现社会大课堂的建设目标。坚持以实践资源开发为载体，实践创新为指导，长效发展机制为保证，完善管理方式为手段，逐步构建社会大课堂建设与应用的管理模式。逐步提升资源使用效率，继续抓好相应的课程开发、使用管理等工作，促进学校教育与社会教育的紧密结合，探索社会大课堂实施的模式和特色。

活动目标：

·充分利用社会资源，开展研究性学习，培养提出问题、解决问题的能力，提升学生的学习能力。

·激发研究探索科学的欲望。

·培养学生未来发展的服务社会的能力。

·形成有学生特色的研究成果，丰富学校校本课程。

·建立一批学生社会活动基地。

·丰富学生的课外生活。

·培养学生热爱祖国、热爱科学、热爱艺术等等的情感。

课程体系：

年级段	活动基地名称	七彩课程内容
一上	比如世界	公益与责任
一下	北京海洋馆	科学探索海军海洋
二上	汽车博物馆 世界花卉大观园	情趣艺术科学探索
二下	自然博物馆	科学探索
三上	青少年阅读体验大世界	语言文字国际视野
三下	天文馆、典籍博物馆	科学探索语言文字
四上	金凤呈祥 DIY 抗日战争纪念馆	情趣艺术公益与责任
四下	圆明园	公益与责任
五上	航天科普教育基地	体育健康科学探索
五下	首都博物馆 中国科技馆	公益与责任科学探索
六上	海淀安全馆	公益与责任
六下	国家博物馆 杜莎夫人蜡像馆	公益与责任情趣艺术

（1）七一海娃走进海底世界

2017 年 3 月 31 日，七一小学二年级全体师生迎着春日里和煦的阳光来到北京海洋馆，参加社会实践大课堂活动。

一走进海洋馆，孩子们的目光就被鱼池里一群群美丽的鱼儿吸引住了。继续向前走，踏进了玻璃隧道以后，同学们仿佛置身于海底，头顶和身体两侧不时悠闲地游动着各式各样的海洋动物，令他们目不暇接，情不自禁地发出惊叹。在"雨林奇观""珊瑚花园""鲨鱼小镇""水木秘境""国宝中华鲟馆""鲸豚湾"这些地方，孩子们也看到了很多炫彩斑斓、奇形怪状的海洋生物。很多同学还将自己最喜欢的还有动物名称、特征等记录在本子上。最后，在海洋剧场里，孩子们的目光再次被白鲸、海狮和海豚的精彩表演吸引，不时报以热烈的掌声。

一直以来，我们七一小学都坚持积极开展"海洋、海韵、海娃"三海德育课程，不断丰富孩子们的海洋知识，培养他们热爱海洋的情怀。本次实践活动也是我校对二年级同学进行的一次海洋知识的普及。在这次活动中，孩子们仿佛置身于神秘而又美丽的海底世界，神奇的海洋生物再次激发了孩子们探寻海底世界秘密的好奇心。

（2）七一海娃走进中国科学技术馆

2017年9月26日，七一小学四年级全体师生来到了位于朝阳区北辰东路5号的中国科学技术馆。这所中国国家级综合性科技馆东临亚运居住区，西濒奥运水系，南依奥运主体育场，北望森林公园，占地4.8万平方米，建筑规模10.2万平方米，是奥林匹克公园中心区体现"绿色奥运、科技奥运、人文奥运"三大理念的重要组成部分。

走进中国科学技术馆，映入眼帘的是邓小平题字的"中国科学技术馆"这几个大字，苍劲有力的书法使学生们叹为观止。沿着检票口的方向，学生参观了名为"华夏之光"的主题展厅，这里展示了中国古代科技成就，例如公道杯、明代福船、应县木塔、候风地动仪等藏品。在二层的"探索与发现"展厅中，学生们参观了宇宙之奇、物质之妙、运动之律、声音之韵等八大展区，有的三五成群来到"太阳能热塔式发电系统"体验区，按照说明按动按钮，利用反射镜将光线反射到塔顶的集热器上、观察集热塔变化，这个简单易学的操作立刻引起许多孩子驻足围观；有的饶有兴趣的来到"螺旋推进器"的体验区，跃跃欲试想去感受。还有的孩子欣赏了"液压传动""细菌发电""斜拉桥""钢球计数器"等物理实验，体会着科学探索与发现带来的乐趣与收获；在接下来的活动中，学生们又来到了"科技与生活""挑战与未来"展厅中，有的学生动手做各种实验，感受压强、惯性等物理特性，充分体验科技创新给人类生活带来的恩惠和福祉。有的学生着迷于摆游列车、电子珠算、星球引力、模拟机舱的神秘，纷纷尝试进入模拟机舱，亲自体验驾驶飞机的乐趣，感叹科学技术的神秘与奇妙。

这次科学技术馆的体验活动，集科学性、趣味性、知识性于一体，使四年级师生既感受到古代科技文明之美，又被现代科技的蓬勃发展深深折服，期望通过这次科技馆的教育活动，进一步增强学生们的民族自豪感和自信心，为开创国民未来科技领域的新高度贡献自己的智慧与创造力。

（3）七一海娃走进中华传统文化体验基地

为了让七一小学的孩子们进一步感受传统文化魅力、丰富社会实践经验、体验劳动技能乐趣，学校六年级以"体验传统农事收获金秋美满"为主题开展了综合社会实践活动。活动以第二课堂的形式给学生们安排了民俗文化与发展、农事体验、体能训练和苹果采摘等丰富的内容，从而达到"习民俗文化、获劳动技能、强综合素质"的目的。

2017年9月28日早上，六年级全体同学坐上大巴，伴着欢歌笑语，来到坐落在北京顺义的中华传统文化体验基地。活动中，同学们首先参观了民俗文化展馆，听讲解员讲述从古代到现代的农具发展史。看着一件件凝结了农民智慧的耕具，仿佛翻开了一本厚厚的教科书，让他们真切地感受到我国悠久的农耕文明。在石磨坊前，同学们试着筛玉米面：握着手柄推一圈下来，每个人都感觉双臂很沉，真心体验到农民伯伯的辛苦与不易。之后，大家来到体能拓展场地，在老师的指导下，一个个有序地做体能训练，大胆尝试、大展身手、共同前进。在苹果采摘园，学生每个人都小心翼翼地摘下苹果，抱在怀里，脸上露出欣喜的笑容。

秋风习习，果树飘香，站在苹果树下的同学们耳边回响着唐朝诗人李绅的诗句："春种一粒粟，秋收万颗子。"收获的喜悦洋溢在每一位同学的脸上、身上、心上……返校的路上，同学们说："每年的综合实践大课堂都很期待，因为每一次都带给我们不同的体验，领会很多课本上学不到的知识，让我们在实践中懂得更多的道理。"

（4）七一海娃走进泓文博雅艺术博物馆之旅

2018年3月27日，伴着和煦的春风，七一小学三年级的孩子们参加了新学期的社会实践大课堂活动，本次活动地点是位于大兴区的泓文博雅文化创意产业基地。

泓文博雅文化创意产业基地以红木为纽带，以"艺术融入生活、艺术改变生活"为宗旨，以致力弘扬中国传统文化为己任，常年举办中式家居展、中国当代传统艺术家的作品展拍活动、文化创意展览、传统文化培训、交流为主要形式，并积极关注国内、国际古典艺术的发展动向和最新思潮；长期推广与整合中国传统文化及其衍生品，积极为中国艺术产业化的发展贡献自己的力量。

孩子们一路上说说笑笑，对于今天的活动十分期待。首先，他们体验了拼接鲁班锁——中国古代民族传统的土木建筑固定结合器，曾广泛流传于中国民间的智力玩具民间，这一过程中孩子们既动脑又动手，全程十分专注；接着孩子们通过讲解员的讲解了解了唐卡艺术——用彩缎装裱后悬挂供奉的宗教卷轴画。唐卡上画的是四臂观音，周围有八位随从，画风吸收了尼泊尔画风的量度，是11~13世纪唐卡和壁画盛行的风格，也是西藏美术艺术得到广泛普及的一段时期；然后孩子们又去了丝巾馆，浏览了各式各样的丝巾，真是大开眼界。最后全体同学在艺术馆门口进行合影留念，记下这童年的美丽瞬间。

"传统文化"是现在中国社会的一大关键词，通过本次的社会实践大课堂，加深了学生对中华优秀传统文化的认识，培养了七一小学子的文化自信，寓教于乐，令其受益匪浅。

（5）七一海娃走进呀路古热带植物园

2018年3月29日，笼罩多日的雾霾终于散去，明媚的春光洒满大地，七一小学五年级全体师生驱车浩浩荡荡地来到了位于大兴区长子营镇马朱路与 104 国道交叉口路东的呀路古热带植物园，开展我们本学期的社会大课堂实践活动。

这所热带植物园属于国家 3A 级旅游景区，创建于 2010 年 10 月，占地 600 亩，是集热带植物观光、热带水果采摘体验、科普教育、餐饮会议、休闲娱乐于一体的综合性游览景区。跟随着景区导游，孩子们首先参观了热带植物观光厅。大厅占地 20000 平方米，收集了热带果树、热带饮料植物、热带观赏植物、热带药用植物、棕榈植物、热带濒危植物、热带珍奇植物和蔬菜作物等，热带亚热带物种达 400 种。厅内森林繁茂，蔓藤缠绕，奇花异草争奇斗艳，溪水、喷泉、植物、动物构成了一副瑰丽的热带雨林，令人叹为观止！接下来孩子们又参观了土司堡民族展览馆和土司吧等景点，还观看了精彩有趣的马戏表演，学做了手工染布，一路欢声笑语，不亦乐乎！

呀路古热带植物园社会大课堂实践活动不仅为孩子们走出教室，来到户外，亲近大自然，亲近少数民族文化风情，零距离感受大自然的生命力提供了机会，更是一次践行"文明出游公约"以身作则的良好教育时机。

（6）七一海娃走进颐和园

颐和园作为晚清重要的政治和外交活动中心，是中国近代历史的重要见证。为使学生更好地了解中华传统文化及中国古建筑的精湛技艺，2017 年 5 月 17 日，七一小学德育课题组的杜文雯主任和八位课题负责老师带领八个班的学生走进这座中国现存规模最大、保存最完整的皇家园林，开展以传统文化为主题的课题研学活动。

全体师生从紫竹院公园的游船码头乘船，沿着京城水系行驶到达南如意门码头。在全程约半个小时的游览过程中，师生们欣赏着两岸的风光，聆听讲解员讲解这条御用河道的相关知识。到达颐和园后，学生在老师的带领下，参观游览了仁寿殿、乐寿堂、长廊、石舫、十七孔桥等古老建筑，聆听着导游讲解着颐和园的历史，加深了对古都北京的了解；同时八个班师生围绕课题在研学活动中以少先队课的形式开展节日主题活动；低年级队员制作的五色汤圆五彩缤纷；坐在昆明湖畔的中年级队员介绍春节的由来，活灵活现地讲述关于"春联"的故事；高年级队员围绕传统节日有讲、有唱、有做，形式更是丰富多彩，引来了许多围观的游客。节日承载的是文化，传递的是情感。传统节日更是体现了一种民族情感。队员们还以绘画、手抄报、写游记等多种形式记录自己的收获和感受。

通过这次传统文化课题研学活动，开阔了学生的视野，丰富了课内外知识，积累了学习资源、素材，更增进了孩子们对传统文化的了解、增强了孩子们对古代劳动人民的崇敬、激发了他们对祖国文化的热爱和对自然环境的保护意识。

（7）七一海娃走进海参种植基地

2017年4月27日，踏着春天的脚步，七一小学四年级的同学们迎来了去海参基地种植实践的时刻。此次活动由教学处谢海红主任带领，综合学科组长包鹏远老师主持。

首先，在包鹏远老师的引领下，四年级的同学们仔细观察了立有"七一小学海娃绿植基地"牌子的"实验田"，学习尊重土地、尊重农民；接着，同学们在海军种植基地马全喜主任的亲自带领下分成两组，一组学习用撒种机播种，一组学习种植黄豆和花生；在农艺师和海军叔叔手把手帮助下，同学们认真地学习平整土地、播种下地及种瓜点豆的基本方法：他们用手中的工具在整好的土地上挖个小小的坑，将一颗颗充满希望的种子——花生或毛豆，小心翼翼地埋进土中，那样子还真有几分"小农民"的神态呢……辛勤的汗水滴洒在土地上，期盼着小苗的茁壮成长。

种植活动不仅仅是学生的一次社会实践，它带给孩子们的是对"劳动"的和"劳动者"的认识。在活动中他们需要掌握劳动技巧、了解播种知识、需要合作互助。洒下的是一粒粒种子，感受到的是生命的力量，眼前仿佛出现一颗颗幼苗，假使有时遇到挫折，也会呈现勃勃的生机。正如我们的活动主题一样：学习的是春播，期盼的是成长。

（四）"三海"进课堂

【案例分享1】

做一个幸福的魔法师
——记美术、语文综合课《我用水墨绘海洋》
（文/张硕）

每当看到一幅幅形象迥异、构图大胆的"大作"，我就感觉自己是一个幸福的魔法师，我撒下种子，期待开花，等待收获。闪亮亮的魔法棒轻轻挥舞，总能开出不一样的花，结出与众不同的果。

《我用水墨绘海洋》这一课中，魔法棒带来了美术与语文的结合，带来了轻松有效的生成环境。课堂以学生回忆已有的用笔用墨方法为切入点。利用中锋、侧锋、散锋先在画纸上表现干湿浓淡的点、线、面，继而进行逆向思维，在不同的墨色变化中，寻找小鱼的形象。当然，精彩的画面离不开精彩的形象。学生在第一次寻找小鱼之后，通过观看海洋鱼类的视频，直观感受大大小小、胖扁不同的鱼类生动形象和动态。再根据语文老师生动的描述，自己去想象并描述小鱼的形象，使小鱼的画面感大大增强。此时，教师的示范，和更多手绘小鱼形象的道具展示，使学生在脑海中一步步丰富鱼类的形象。有了丰富的形象，学生根据语文老师给出的完整故事结构，转移到画面中构图的安排。并拼摆道具位置，活跃构图的思路。

教学设计中，有效资源的开发，充分的预设都是为了积极营造生成的环境。如开篇回忆用笔画点线面，除了用到学过的用笔知识，对于构图及干湿浓淡没有任何限制。又如小鱼的形象，在不同的墨色变化中寻找小鱼，通过看视频和进行语言描述，都是在充分发散学生的想象，使他们能够打破常规对于鱼类形象的认识，生发出具有强烈画面感、独特的鱼类形象，并最终运用到艺术实践中。如：一个学生回答自己的小鱼形象时说，我的小鱼长着胖胖的身体，有着长长的触须，短短的鱼鳍，晃动着漂亮的尾巴，左摇右晃的游过来。在艺术实践中她就很好地表现出了这样一个小鱼形象。另外，利用多样的小鱼道具，学生在黑板上进行拼摆，体会区分主角、配角大小，突出主体的构图方法。在实践中，由于画面中已经有了位置不同的大小墨块，学生可以根据自己的画面添画大小不同、形态不同、方向不同的小鱼形象，适当添画背景，以生发出多种多样的画面。

当作品完成，学生对自己或者其他同学的作品按照一定的标准进行评价。同样，我给出了一定的评价要求：1. 用笔有点、线、面变化；2. 墨与色有浓淡干湿变化；3. 构图完整、突出主体。这是在用笔、用墨和构图上给出的标准。但在实际过程中，我同样鼓励学生用多样的语言进行评价。如，正是前面分享自己小鱼形象的同学画出了一幅干湿墨色表现得淋漓尽致的作品。在欣赏这幅作品时，有的学生提到了常用的干湿变化，而有一个学生说到了"膨胀"，非常形象的形容了湿墨给人的感受。本课又是一节与语文学科进行跨学科整合的课，我特意把学生说出的"膨胀"一词重复给全班同学听，并顺势问道："是什么让这条鱼膨胀起来了？"学生们答道："是水！"就这样在一问一答中，利用学生自己生成的语言，不仅强调了墨色的干湿变化，也体现出了语言描述的魅力。

在美术课堂中，想要收获风格迥异的画作，依赖于完善的教学预设和独特的生成环境。我想在课堂中应该让预设与生成相得益彰，预设成为生成的基础，而生成最终回归到预设，最终获得活跃并有效的课堂。

【案例分享2】

线描写生——船

（文/孙浩洋）

金秋十月，我校迎来了"我的海洋我的家"美术跨学科实践活动。作为活动的分会场，学生以"线描写生——船"一课为核心进行了一次船文化之旅。海淀区七一小学具有浓郁的海军特色和悠久的海洋文化，多年来在校本课程的设置上着重海洋文化的培养，一个个小海娃在铺就的梦想之路上培养海洋情怀。船是海洋航行的交通工具，本校学生对于它的知识储备非常丰富。

船舶属于国家重工业设计制造的产品，其科技含量彰显国力，体型庞大且细节繁多，适合以线描形式表现。本次活动通过对船舶知识的探究深入了解船舶的造型特点，引导学生研究船的绘画方法，以线描实物模型写生的形式，对船进行绘画表现。利用绘画手段表现船的造型，参与"美丽的海洋我的家"展览，塑造海洋盛景，从而传达学生内心对于海洋文化的热爱。"线描写生"属于"造型表现"学习领域，已经学习过的线描课程中，学生在四年级学习了《厨房一角》《画玩具》《画牌楼》和《植物写生》，运用线条造型写生的能力有一定的基础。升至五年级，经过本学期第三课《细致的描绘》课程，学生对于线条描绘细节又有了新的认识和提高。

整体流程设计：

1. 参观展览、初步了解舰船知识。

2. 汇报学习单，交流分享船舶知识。

3. 研究船舶造型，学习用线条表现船舶。

4. 线描写生，自评互评。

5. 拓展知识，参与展览。

依据对认知建构主义学习理论的知识，教学并不是一味地灌输知识，而是学生积极主动的建构、理解知识。本次活动基于这种理念，教师在展示展览内容时并不是采用传统的讲述方式，而是利用"参观任务单"引导学生思考船的造型特点、功能和发展历史等知识点。通过课前展览，学生获取有关船舶的非美术知识并在课堂伊始互相分享，活动突出以学生为主体。

在研究船舶的造型时我着重美术的学科本体，鼓励学生提出问题，培养学生学习思考的主动性。教师在课堂中鼓励学生自主发现问题、提出问题，以学生的观点引领和发展课堂不仅能促进学生思维的发展，而且能保持他们课堂的有效注意力，激发他们对美术的兴趣。通过小组的观察和讨论，找到本课重难点的突破点——船舶造型特点和线条变化的表现。并通过问题的形式留在每一位同学的心里，在探究过程中不断围绕这两个方面的问题思考和观察。写生课堂中小组合作、讨论汇报的学习方式，能够让学生的思想和观点能够产生碰撞，从而培养学生发现问题、解决问题的能力。

本节课所出现的推理性问题集中在对于线描方法的考察，我在设计时较为重视教导学生如何进行线描创作。本节课的创造性问题有"你可以评价一下老师这幅画吗？""你可以评价一下你的作品吗？""本节课你有什么样的了解与收获？"等，目的是注重培养孩子的评价能力，注重引导孩子对于美的认识。创造性问题可以考验学生的逻辑思维和创新思维，通过高阶思维的问题来引导学生思考与创作。

在本次活动的资源选择上，我围绕船舰知识、美术知识、绘画知识等进行素材的挑选。知识性的有舰船的名称、朝代、材质、尺寸、用途，如"定远号""致远号""龙舟夺标船"等，侧重让学生描述其材质、朝代和用途，在不同情境下积极探索解决问题的策略，培养学生知识迁移的能力和创造性能力。图片方面则展示了一系列舰船的图片，引导学生发现并回答这些舰船的特点及其历史，感受我国悠久的船文化。继而我向学生提出了多个为什么，"画船为什么要抓细节？""为什么要先画桅杆？"等，启发学生积极思考。课前我准备了大量范画以及学生作品，学生思考并评价同学和老师的作品，给他们的绘画提供了方向性的指导，并在评价的过程中发展学生的批判性思维。

美术课实操性强，学生创作作品丰富多彩，因此很容易打造成一个生成性高的课堂。这就要求教师在课堂上要以学生有价值、有创见的问题与想法等细节为契机，随时捕捉学生的疑问、想法、创见等精彩瞬间，因势利导改变原来的教学程序或内容，自然地变为动态生成。而在动态生成中，教师还要高屋建瓴，甄别优劣，选择恰当的问题作动态生成的"课眼"，引导教学进程。利用学生的观点和作品来生成每节课独特的资源，如在课前设计有层次有梯度的问题链来引发学生的深入思考，在与学生对话中适当追问，在学生创作中对于集中问题给予干预和指导，小组汇报交流中增加生生之间、小组之间评价交流的机会等。如课上：

1. 问：刚才在展览上都看到了什么作品？

   答：船。

   问：它们是用什么样的绘画形式展现的？

   答：线条。

2. 问：这几艘船有什么不同？

   答：辽宁号下面是个椭圆形，郑和号是个梯形。

   问：为什么会有不同的形态？

   答：因为他们的用途不同。

　　恰当的追问可以有效激活学生的思维，拓展学生的想象空间。我们教师应该基于学生的回答进行一定的追问，或对重点问题进行更深层次的追问，加深学生的思维活动与对问题的理解，通过不断对学生回答的进一步追问，提高学生的思想观念、思维能力等方面，同时在进行教学设计时，有意识地去设计一些问题链，增强预设性，也能相应地提高课堂地对话深度。

【案例分享 3】

寻找课堂的独特价值——设计海军荣誉徽章

（文/黄迪）

　　徽章，是佩带在身上用来表示身份的标志，也可运用于大型活动表示奖励、奖赏或纪念的用意。它有着悠久的历史，最早可以追溯到原始社会氏族部落的图腾标志，而徽章真正有文字记载，也最早起源于我国。当代徽章的设计则注重佩戴者、醒目和便于识别记忆以及美观大方的需要。

　　美丽的七一小学身处海军大院内，在"美丽的海洋我的家"美术跨学科实践活动举行的大背景下，我与五年级（9）班一起完成了一节《我将徽章献给您——设计海军荣誉徽章》的跨学科美术课程。

　　本课教学内容选择从学生的生活实际出发，以海军战士们对祖国的热爱以及无私奉献作为情感出发点。课程中学生们心生敬意地为现场特殊来宾——海军们打造一枚别具意义的"荣誉徽章"，最后"敬献徽章"使情感在最后得到升华，在美术学习上创新设计思想、弘扬和发展了海洋情怀。

在课程设计上，我利用构建主义设计原理，从这节课需要学习的内容出发列出知识点："徽章的概念""寓意及内涵""图形的概括简化""图案的适形""颜色搭配""文字搭配""制作方法"。在了解徽章的基本概念以后，学生总结出徽章外形以圆形、盾形、多边形为主，进而具体分析一枚徽章的图案。首先，这些图案有什么寓意？其次，徽章的图案有什么特点？也就引出了本课的重点如何表现徽章的寓意和内涵，难点在于如何对图形的概括简化及适形。我归纳出重点难点，提出相应的信息联结和建构框架，学生们对这些信息进行理解并加工，将新旧知识和经验反复地相互作用完成学习，这个过程别人是不能代替的。那么怎么去解决本课的难点呢？怎样让学生直观的学习到图形概括简化的方法？我尝试运用简单的动画，将一株麦穗从"实物"演变到了"图案适形"。在这个过程中学生们能一步步看到：图案是如何演变而来的？变化的目的是什么？最后达到什么效果？我没有向学生直接传递知识设计原理，而是学生根据动画信息及自己的背景知识，构建自己知识的过程，最后完成自己的设计。在这个过程中学生不是被动的信息接收，而是有思考有目的的学习过程。

"敬献徽章"环节，学生将亲自设计的徽章献给海军叔叔，我启发他们对海军叔叔说一些心里话。他们的肺腑之言，说得令人真切感动："因为我看到海军叔叔觉得特别的亲切，因为我的爸爸就是一名海军。我的理想也是成为一名海军战士，设计最新式的航母、舰艇保卫祖国的海疆。所以，我想把这枚荣誉徽章送给我最敬佩的海军叔叔，我长大以后也要像您一样成为一名光荣的海军战士。""海军叔叔，谢谢您！正是因为您的辛苦付出才有了我们安宁稳定的生活。这枚徽章就代表着我们对您的感激，您辛苦了。"

这节课的学生作品是送给海军的礼物，这一天的感悟亦是给学生的礼物！这次我不仅仅完成了一次课程，也让我寻找发现到了美术课堂的独特价值。

我希望告诉学生们，我们应该随时从身边的事情中寻找启发；我想告诉学生们，其实生活中有很多小事情，可以帮助我们反思人生的大课程，学习可以在课堂里，但今后可能更多地在生活中，在时时处处。如果我们时时处处都学会感恩和感动，我们也就学会了生活。

【案例分享4】

书写南海诸岛的名字

（文/任新成）

《教育部关于在小学加强写字教学的若干意见》中明确指出，规范、端正、整洁地书写汉字是有效进行书面交流的基本保证，是学生学习语文和其他课程，形成终身学习能力的基础；热爱祖国文字，养成良好的写字习惯，具备熟练的写字技能，并有初步的书法欣赏能力是现代中国公民应有的基本素养，也是基础教育课程的目标之一。

《书写南海诸岛的名字》这节课是以三点水、石字旁的写法以及三点水、石字旁的字的结构规律为教学重点。对于两个字旁的笔画的写法学生在以前的学习中已经基本掌握，本课重点是掌握组成字旁的笔画的组合、排列方式、形态特点以及在不同的字中，字旁与左半部分高低宽窄相搭配时候的变化。

我们七一小学的教育理念中提到海洋情怀，国际视野，而且大多数学生是海军子弟，对于祖国的海洋、岛屿有着特殊的情感。本课结合目前我国南海形势对学生进行爱国主义教育，激发爱国情绪，将汉字书写融入对祖国的热爱当中。

首先带领学生来到主会场，参观各个展区的书画作品。在放大的南海地图前，同学们在地图中找出小组实践任务单上的岛屿所在位置。

回到分会场，导入课题。为了同学们更多的了解祖国的南海，特意请来了海军叔叔做详细的讲解。

这节课我们就用书法课特有的形式，利用毛笔把南海诸岛的名字书写在宣纸上，然后再粘贴在地图的相应位置上。通过这种方式，向全世界声明这里是我们中国的固有领土，中国一点儿也不能少！

二、走向世界的"国际理解"课程

七一小学以国际理解教育为特色引领基础教育国际化之路！学校在六十多年的发展历程中，坚守"为学生的美丽人生"奠基的办学理念，积淀了宝贵的经验。在社会国际化的今天，基于联合国教科文组织倡导，以及《国家中长期教育改革和发展纲要》与《海淀区"十三五"时期教育发展规划》要求，国际理解教育已成为国家教育政策，对此学校育人目标是：培养学生拥有海洋情怀、国际视野、美丽人生，以"开放、理解、创新"不断推进国际化发展的进程。

（一）研发出符合学校实际的国际理解课程

2012 年学校被评为区基础教育国际化实验学校，开展了"跨文化国际理解教育研究"，开发国际理解校本课程，编写了《国际理解》校本教材，纳入班队会整体课程之中。教材以低中高段"北京文化——民族文化——世界文化"层级递进，不断深化。将"一带一路"内容列入本套教材中，为国家的未来和学生的一生发展奠定必需的基石。

（二）探索出国际理解课程的基本实施方式

1. 落实课时，专人授课

将国际理解校本课程作为校本必修课纳入学校的整体课程之中，每月 1 课时，由班主任授课。为保障授课质量，学校特别重视国际理解教师队伍建设，在课程实施过程中有意识地在不同学段选择一位教师进行教学引领，在备课方面采取由负责人协调各年级组教学组长并协同班主任共同设计的方式。学校定期评选优秀的教学设计和学生成果，并将这些成果汇集成册，为教师的课程教学实践及学生的学习提供参考。

【案例分享】

七一小学国际理解教育开课讲坛

2015年10月23日下午，七一小学国际理解课程正式开课啦！教材编委会的核心成员，带领全校各年级利用班会时间，向学生讲授国际理解教育的课程的内容。

在班主任的指导下，四年级学生围绕"北京老字号和北京美食"为主题开展了队会活动，孩子们不仅增进了对一些北京老字号的起源、历史和特色美食的了解，还进一步加深了对北京风味小吃细腻的感知。热闹的活动使得孩子们争相与美食合影留念，并将在家精心制作的读书小报、PPT带到学校，为同学们进行了分享与展示。六年级的孩子们以"万圣节"为主题，精心制作了南瓜灯等饰品，为热闹的节日气氛增添了一份神秘与好奇。核心组的邢林老师的精彩介绍，使学生们领略到中外文化的差异与魅力，为实现七一小学的国际化交流奠定坚实的基础，使国际理解教育课程更加深入地融入低学段孩子们的课堂，付姝慧老师带领低年级组的老师们开展了关于解读教材的研讨活动。

整个活动中，老师们积极建言，反响热烈。从宣讲开课指南到正式走进课堂，国际理解教育讲坛已慢慢走进孩子们的校园生活中，各年级师生都热情高涨地参与其中，并积极通过多样的形式研读教材、踏实实践，用实际行动诠释着对国际理解课程的喜爱之情。

2. 拓展延伸，方式多样

在国际理解校本课程的实施过程中，学校通过多种方式实现课程拓展：引智外教专家、传递"跨国文化箱"、参加访学、参与国家国际项目、建立国际交流团做"小导游"等活动，让学生在体验中了解不同文化的魅力，增进学生跨文化的理解能力。

（1）引进外教，增进国际理解

学校较早引进外国专家资源，通过外教的加入，增进国际理解教育。在外教课上，学生学习和感受不同文化习俗，并了解一个国家。拓宽外教职能，参与多方交流活动。

【案例分享】

享受语言的快乐，体会外教课的精彩

——记七一小学国际交流团活动

一学年的国际交流团的活动圆满结束了，在这一学年中，三个班的孩子们在王雪瑞主任和侯玉娟、朱伶俐、孙霞、彭娟、宋菊和张雯静英语老师的带领下，参与了每周一次的外教培训。成功接待了"汉语桥——美国校长访华团"和来自新加坡的丹凤小学、信义小学的师生们；圣诞节来临之际，与美国学校的校长、老师和同学们在iPad上进行了网上的视频交流，在交流中孩子们对于中美文化的差异有了更深的认识。孩子们主持了七一小学圣诞节和万圣节的活动，在校园里分发糖果，身穿奇装异服，手拿南瓜灯，把节日的欢乐带给校园里的每个孩子。

本学年的外教老师有来自加拿大的Justin、Aron，澳大利亚的Mark和英国的Charlie。每个外教老师都各有特点，他们的课上充满了笑声和欢乐。他们把地道纯正的英语语言传授给孩子们，把说英语语言的国家的风俗习惯告诉孩子，带着孩子们在异国的情境中畅想，游览。当说到动情处，孩子们张开嘴，瞪着大大的眼睛。"really？""真的吗？""哇"的感叹也时不时地从孩子们的口中发出。会心的笑声、惊讶的呼喊贯穿着课堂的始终。每一节课孩子们都享受着快乐，都有所收获。

经过这一年的口语培训活动，三个班的孩子们的英语水平得到了很大的提高。孩子们从原来的不敢开口，到现在的侃侃而谈，对着外国朋友能够畅所欲言，就自己喜欢的话题提出自己的观点。

第一学期老团员都按老师的要求创作了自己喜爱的英语国家《My Favourite English Country》的海报，制作精良的海报被制成了展板，在迎接美国校长访华团的时候，得到了校长们的高度赞扬。本学期结尾，老师们又让孩子们制作了自己喜爱的国家的海报，孩子们圆满完成了任务。

尽管每次活动都是利用课余时间，但老师和孩子都享受其中，在一次次的国际理解教育活动中，老师和孩子也在共同成长。国际理解教育活动也帮助师生们理解人类间的差异，尊重文化差异，追求文化认同，从而使来自不同文化背景的师生能够相互交流、相互学习、相互理解。我们始终知道：NO PAIN, NO GAIN，孩子们的进步、老师们自身的成长就是我们最大的快乐。

（2）传递"文化箱"，增进国际理解

"文化箱"让东西方文化在趣味中交融。跨国文化箱的传递，搭建不同文化背景的学生进行文化交流的桥梁，让更多人愿更多人从中分享人类文化之瑰宝。

【案例分享】

"斯坦利"与"孙悟空"

在美国，卡片娃娃"斯坦利"是家喻户晓的人物，人们通过交换一个叫"斯坦利"的卡片娃娃进行笔友交流。十五年来有上千万人通过"斯坦利"认识远方的朋友和世界，享受这个小娃娃带来的情趣和友谊。连奥巴马，希拉里，小布什，他们都有自己的卡片娃娃。在中国，成龙大哥也对卡片娃娃爱不释手，还带着它环游了香港。美国的同学就把这神奇的娃娃首先寄给了我们，让我们中国的同学也了解它。

生肖文化是中国民俗的一个重要组成部分。我们三年级的学生通过制作生肖卡弘扬了中国文化的博大精深。四年级的同学向他们介绍了中国《西游记》中的孙悟空！这些作品已传递到美国圣路易学校，美国校方在来信中告诉我们：他们看到我们邮寄的文化箱是多么兴奋与感激，美国的老师看到学生的作品激动得热泪盈眶。他们特别组织师生家长在美国当地晚上7点与我们视频交流致谢！

（3）交流访学，体验国际理解

学校与不同国家的学校建立友好联盟，定期组织学生与友好校开展交流放学活动。在访学中，师生相互学习，与国际友好校和当地教育同人共同商讨双方未来的发展等，体验当地学生的生活，让学生与异域文化深度零距离接触，帮助学生们加深对跨文化的理解。参与的交流访学的老师则从全面发展的教学理念等方面感悟到当地学校课程设置和教学组织方式。

【案例分享】

彩虹飞架两岸情深
——记七一小学接待台湾师生活动

2015年4月23日，为了积极践行"两岸一家亲"的理念，进一步巩固和深化京台两地校际交流活动成果，有力推动京台两地的教育和人文交流，七一小学作为海淀区涉台教育基地，热情接待了台湾关山国小的老师和同学们。

下午2点，台湾的师生们一下车，就受到了七一小学领导和师生们的热烈欢迎。七一的孩子主动地找到结对伙伴，送上鲜花和礼物。在报告厅，台湾和七一的老师和同学们欢聚一堂，举行了简短而隆重的欢迎仪式。两地的孩子们用绘画和歌舞的形式互致祝福；双方校长互送礼物，以表达双方的真诚友谊。伴随着一首《友谊地久天长》的歌曲，全场起立携手，共祝这美好的时刻。

之后，我们聆听了台湾赵家誌校长的经典国学讲座。她声情并茂的讲解，把学生们带入了创编古诗的境界中，孩子们出色的表现迎来阵阵掌声！在接下来的语文实践课上，宋娟老师带着孩子们以导游的角色介绍了北京，并把课上制作的精美导游册送给台湾的伙伴。海峡两岸的孩子们在同一课堂享受着中华文化；在学习中了解彼此，增进友谊，增进感情。整个报告厅充满着热烈祥和的气氛。

课堂交流结束后，台湾客人们又欣赏了我校的管乐团、舞蹈团、合唱团的演出。出色的表演展示了我校学生精湛的艺术表演水平。台湾同学也现场表演了独具特色的舞蹈,让我们感受到了异乡的艺术文化。两岸学生用音乐和舞姿诠释了两岸人民美好融洽的感情。

半日的学校活动结束了,七一小学的同学代表又纷纷将台湾的同伴带到家中,充分体验大陆地区同龄人的课余生活和家庭氛围,了解彼此的生活习惯,探寻共同的兴趣爱好,缔结下纯真的友谊。原本素不相识的孩子们,如兄弟姐妹一般亲密地在一起!台湾同学真正感受到了离开家之后的温暖与幸福!

此次活动,影响力大,意义深远,得到了北京电视台等多家媒体的报道。这促进了海峡两岸的文化交流,必将继续推动京台两地教育事业的和谐发展。

（4）参与国际项目,形成基本共识

学校参与了国家"中美千校携手项目",与校内校外、国内外团队合作,共同组织学生参与环境保护活动,让学生在共同实践学习中,形成环境保护理念,增强环境意识。

【案例分享】

"千校携手　重现蓝天"
——作为国家国际项目试点校迎接媒体联访观察团

2016年5月20日上午,七一小学作为中美"千校携手"项目首批《蓝天小使者在行动》教材三所试点校之一,迎来了由中国教育报田立鹏、现代教育报郑欣、中国教师报崔斌斌、中国环境网江滨、公益时报王会贤、财新无所不能汪仲元六位记者朋友组成的"千校携手-重现蓝天"媒体观察团,他们走进校园,亲身体验一堂空气环境实践课程。早操时间,王雪瑞主任在操场带领学校师生激情澎湃地齐声唱响"中美千校携手,热爱自然,绿色生活"的环保主题,提出"千校携手-重现蓝天"的口号,采取Reduce、Reuse and Recycle（减排、再生和环用）的环保原则,全校学生都愿好好学习教材,参与"蓝天小使者在行动"!接着项目组人员和学校老师分工协作，共同迎接即将到来的媒体观察团。准备工作分为以王雪瑞主任带领的项目组人员，布置今天的参观路线和以科任组组长毛艳萍带领的科学组老师在科学教室拍摄小视频。

上午九点，媒体来宾陆续进入了我校的多媒体教室，他们先参观了由五年级（9）班学生绘制的课程手抄画报，对同学们的多才多艺表示赞许。上课前，六位记者就入座实验桌，准备与同学们一起体验课堂。随后李老师给大家带来教材中《四处逃逸的霾》一课，带领同学们一起探究不同地形对污染物扩散的影响。"新"同学在老师启发式的提问下，积极实验探索，李老师也不断在"新"同学实验座附近巡视，以便及时回答他们的课堂疑问。课堂接近尾声，李老师鼓励同学们将自己的小组手抄画报作品展现给来宾，再次赢得了大家的掌声。

下课后，媒体朋友又前往会议室进行了活动专访。张建芬校长在向到场的朋友表示欢迎和感谢的同时，向来宾们介绍了学校的办学历史和现今办学状况，她说："七一小学具有悠久的历史，秉持着为学生的美丽人生奠基办学理念，着力在学校的课程理念和专业性上进行深入探讨和研究，学校发展了自有课程体系，其中科学课就是其中一个重要部分，使得教材的推广得以实行"；接着王雪瑞主任对就学校的环保教育和国际化交流项目给媒体朋友做了进一步的介绍："政府对环境教育的重视也在逐步提升，学校为环境教育的执行提供了保障。作为千校携手《蓝天小使者在行动》教材的首批三所试点校之一，环境教育也是我校的教育特色，我们注重国际化视野，在学校开展丰富多样的环保教育活动，在校园随处可见种植盆、友谊树、分类回收箱，希望专业的课程和有趣的课外体验，能让孩子们从小养成环保习惯，感恩回报生存环境，树立独立的人格，具有世界文明公民的共同使命感。"

联访结束后，在王雪瑞主任的陪同下，媒体朋友对校园进行参观，领略了校园风貌和绿色教育的真实呈现。对学校同学们的礼貌、校园环境都赞不绝口。参与活动的媒体朋友都对本次活动表示高度赞许，希望这样的活动可以多多开展，并且让环境教育可以影响到更多的人群。

（5）节日活动，深化国际理解

学校通过开展英语日、国际日、友好校、校内主题教育和外事活动等多种途径，增进学生对不同国家和多元文化的认识与理解。开展国际文化节日活动。结合东西方传统节日，开展多种形式的中西方文化交流活动。比如：学校与友好校共同庆祝圣诞节、感恩节、新年和春节。

【案例分享】

七一小学国际理解团队与全校共度圣诞节

2016年圣诞节、新年来临之际，在七一小学国际交流团的带动下，全校共同感受了这一西方文化。此次活动不但是一次对全校的国际理解教育渗透，更是对于新的一年的美好期盼和祝愿。

2016年12月23日清晨，学生们伴随着优美的圣诞歌曲步入校门，许多同学的目光就被主席台大屏幕上的圣诞歌曲视频吸引了，孩子们都感受到了温馨的圣诞节的来临。学校更有许多对国际理解教育充满热情的老师们，他们自发的利用自己的课堂时间带领孩子们共同庆祝这个节日。孩子们有的为大家边弹吉他边唱圣诞歌；有的为大家讲解圣诞节的习俗与来历，进而在切身参与活动的过程中体会到不同国度的文化差异，并推动了我校国际教育工作的进行。

中午，在欢快的圣诞歌曲的映衬下，学校国际交流团队的师生们一起手捧着精心准备的圣诞贺卡和小礼物，走进了七一小学的每一间教室，将我们对双节的美好期盼和祝愿送到了每一位班主任老师的手中。当孩子们对每一位老师和所有的同学们说出"Merry Christmas and Happy New Year"的那一刻时，全班同学都沸腾起来，很多师生都和国际理解团队的师生们共同唱起："We Wish You a Merry Christmas and Happy New Year!"

随后，听到"圣诞节来历"的专题广播，全校的师生更深刻地体会到了国际理解教育对于每一个孩子学习多元文化的深意，这种体验和感受潜移默化的镶嵌在了每一个人的心中。活动结束后，全校师生在著名的Silent Night

（寂静的夜）音乐中，有条不紊地开始了十分钟书法练习。

通过本次的国际日活动，我校的基础教育国家化向前迈进了可喜的一步，在节日的气氛中，孩子们快乐的学习，也使我校国际理解教育得到了广泛开展和深化，进而表达了对新年的祝福与期盼。

3. 创新"国际视频交流"课程，提高国际交流能力

"国际视频交流"是我校基础教育国际交流创新研究成功的有力突破，是国际理解教育的体验课程，我们称其为"无边界课堂"。在这个无边界课堂里，孩子们与国际同龄人进行思维碰撞，既坚定了民族文化的自信，又了解到世界的不同，深刻把握了国际理解教育的本质，将国际理解教育从表层走向深入。

【案例分享】

中美友好校视频交流活动

迎着春天的脚步，我校四年级学生及老师带着对美国洛杉矶学校师生的思念于2013年4月24日上午7：30（美国当地时间下午4：30），与美国洛杉矶Weaver学校成功进行了文化交流。本次活动由国际交流部王雪瑞主任主持，话题是"Spring"。为此双方学校都做了充足的准备。侯玉娟老师、朱伶俐老师、宋菊老师负责此次活动的组织工作。

Weaver学校是我们学校的友好校，美方校长和两位老师都曾经来到七一小学进行过友好交流，也曾经深入到过我们的课堂为我们的学生上过课。因此，主持人王雪瑞主任（Shirley）带领我校师生首先表达了对对方的思念和问候，显现出了我们的深厚友谊。随后，我校学生用英语流利地向美国师生介绍了中国的春天以及节日。同时，美方的师生也向我们介绍了复活节等节日和当地自然情况，大家在一片欢声笑语中感受着异国的不同文化与习俗。

在这次活动中，孩子们虽然只能通过网络和美国孩子们交流，但是中美孩子参与活动的热情高涨。活动结束后，我校的学生都纷纷向王主任表达了

无比激动和喜悦之情，并迫切要求下一次与友好校再相见。

（三）将"国际理解"课程进行到底

随着我校国际理解课程的有效实施，优质完成"十二"基础教育国际化实验校项目，现在承担"十三"基础教育国际交流与合作能力提升项目，将《国际理解》新修订的教材下发到班主任的手中，标志着七一小学开设新一轮国际理解课程的工作拉开序幕。教材再版前，国际理解课程的骨干老师们对上一轮的工作进行了回顾、总结，并对前期开发的教材进行修订。在修订过程中，我们仍然保留名称及大部分内容，即以教育活动为途径，增进不同文化背景、种族、宗教信仰或不同国家、地区间人们的了解与沟通，加强相互合作，关注全球存在的重大共同问题这一原则。改变了前后说明，增加了一些随着社会的发展适合学生关注的新问题。

为不断完善课程体系，对课程编制、课程实施以及课程开发做出整体推进，从不同的角度丰富课程的内容及模式，保证国际理解课程的实施。这次下发的不但有新教材，还有配套的教学设计和精美的课件供班主任老师们参考，另外，从课堂层面而言，也需要有教学的辅助手段，从而在整体中调节和控制教学活动的进行，最终达到国际理解教育的意旨。

对此，国内外专家指导，校内国外籍教师参与，各年级组长带领全组老师，研读教材，根据实施方案制订计划，就教学活动开展了进一步落实工作，老师们各抒己见，思路逐渐开阔，对国际教育的理解更加深刻、更全面，同时，老师们的国际素养也得到逐步提高，为下一步的具体实施打好了基础。

国际理解校本课程作为我校办学特色，国际理解教育正稳步发展，为适应时代发展的需要，有力践行我校办学理念，至此国际理解校本课程开启第二轮、我们要把国际理解课程做得深入人心，从长远的角度培养学生健全人格、中国情怀、国际素养，一定要将国际理解教育进行到底。

通过国际理解教育，学生学到了国际理解知识，以国际化思维理解、沟通和处事，提高了学生走向未来世界的能力，增强了对民族文化的认同和自豪感，中华优秀传统文化与国际理解教育有效融合，形成了学校国际化发展的办学特色。学校被评为国家首批中美"千校携手"项目示范学校；《国际理解教育校本课程的开发与实施》为北京市课程建设优秀成果一等奖；北京市青少年涉台教育基地校；学校组团作为中国代表团出席 APCC"亚太地区儿童大会"，博得当地领导称"有史以来最好"的好评，为国家争光！走向世界，有力践行国际理解教育，引向深度发展。

由此得到社会的广泛认可。《现代教育报》《北京晨报》《凤凰网》《中小学管理》和《北京教育教学研究》《台声》、中美千校携手项目中获得 30 多家媒体报道，先后在中国教育国际化研讨会、联合国教科组织创新大会、中美千校携手颁牌会、京台教育校长峰会、基础教育国际化实验项目承办校活动和结题会、北京市学术会议等进行经验分享。从而引领国内外研究推广，达到良好国际社会效益。

学校课程建设必须将国家确立的教育目标作为其行动导向与准则。但与此同时，也要结合学校自身特点，遵从学校核心教育价值观，从学校文化出发，将凸显学校特色的特殊培养目标、课程目标与国家、地方教育的一般目标相结合，从而减少学校课程建设过程中的随意性，增强科学性。在这种目标导向的指引下，既能够满足国家对基础教育的基本要求，又可以体现学校教育理念的独特性、针对性和多样性。可以说七一小学特色课程的开发，在某种程度上说是对学校文化建设的推进。

【案例分享1】

美美与共天下大同
——国际理解教育主题会

2017年9月11日早上，七一小学全体师生在操场上召开国际理解教育主题会，进行了国际理解课程的展示和展望。

七一小学校的国际理解教育已经开展多年了。学生从中受益匪浅，不但使他们了解到"民族的就是世界的。"这句话深刻的含义，更让他们深深为自己是一名中国人而感到骄傲！上学期期末我们就根据不同的主题筛选了各个年级上交的作品进行了展示，每个年级的代表做了精彩的介绍：四年级的王彦博同学介绍了中国传统的建筑；三年级的王子涵同学介绍了我们的民族；五年级的姜雨杉同学则关注到了我们与外国人交流的礼仪规范，至此我们的眼光从中国的文化转向了世界的交流；最可爱的二年级陈晓睿同学带来的一带一路的书法作品拉开了今日中国外交最辉煌的一页。最后王雪瑞主任进行了总结性发言，她对学校基础教育国际化工作的开展进行了回顾，对以后国际理解教育提出了美好的愿望。我们心潮澎湃，要以更高的国际视野，提升良好的国际素养，去创造未来美丽人生。随着我们国家近些年军事、科技和经济实力的不断攀升，我们的大国外交得到了更多国家和人民的认同，国家的实力步步高升。新学期，我们一定会在实践中将国际理解这门课程再度充实完善。

国际理解课程虽然是门新兴学科，但煌煌千年，中国人所秉持的"和"的理念，从未更改。我们全校师生要不断践行国际理解教育，探索新的国际理解课程内容和模式。未来不会是一帆风顺，但只要我们从小立志，矢志不渝，就一定能"美美与共，天下大同"。

【案例分享2】

七一小学组团赴日参加"亚太地区儿童大会"

2017年7月14日~26日，七一小学王雪瑞主任带领六名学生组成中国儿童代表团，赴日本福冈参加第29届亚洲太平洋地区儿童大会。

"亚太地区儿童大会"简称APCC，是日本福冈县开展的一项大规模国际交流活动，它以"我们是桥梁"为主题，通过夏令营、民宿体验和文化展示等方式，聚集亚太地区的少年儿童，让他们在活动中感受多元文化、加深了解、增进友谊，进而推动亚太地区的人文交流，培养具有国际视野的新一代。

今年是大会29周年，组委会邀请了35个国家和地区的45个代表团，共296名大使参加活动。

在座落于日本福冈市郊海边的"海之家"营地，中国的少年儿童体验了各种丰富多彩的文化活动。他们与其他来自亚太地区三十几个国家和地区的少年儿童一起游戏互动，进行文化展示。虽然大家的肤色不同、语言不同，但是短暂营地生活让彼此结下了深厚的友谊。大使们互相合影留念、在T恤衫上彼此签名送祝福、交换各具国际和民族特色的礼物，架起友谊的桥梁。

营地生活结束后，中国代表团的学生分别住进日本百姓家中，展开七天的民宿行程。今年中国代表团由福冈县的长丘地区家庭安排接待。民宿期间中国代表受到了日本家庭细心周到的照顾：每天，他们跟日本小伙伴一起走路上学，走进日本的教室、图书馆，与日本小伙伴一起上课。学习折纸、制作小道具、观赏茶道、学做饭团等等，语言障碍不能阻拦人与人之间的关系，心在一起就不会分离。愉快而充实的生活让中日两国的师生消除了陌生，增进了友谊。

期间，适逢当地一个庆祝会，中国代表团的"茉莉花"表演和领队英日文演讲将活动推向高潮，人们纷纷祝贺，特别是很多英语国家的代表都非常钦佩，得到当地领导称APCC有史以来最好的赞许。离别时，多方代表前来送行，晶莹的泪珠从脸颊上滑落，人们依依不舍道别，那是我们彼此珍惜的见证。再见了，朋友们，希望不久的将来我们再相见！

代表团积极地参与各项活动，交各国的好朋友，相互学习，向日本及其他各国的大使展示中国的文化魅力，并在其中锻炼自身能力。结束访问时，代表团的儿童纷纷表示，此次福冈之旅给自己留下了美好的回忆，收获很大，将珍视铭记，和美祈福！APCC的口号是"我们是桥梁：连接环球之梦想"，我终于明白了"We are the bridge!"这句话的真正含义。我们是桥梁，将国家与世界友谊联系起来的桥梁。愿承担起桥梁的作用，做传递和平的使者，使各国公民都能成为一家人！

由此得到社会的广泛认可。在中美千校携手项目中获得《现代教育报》

《北京晨报》《凤凰网》《中小学管理》《北京教育教学研究》和《台声》等30多家媒体报道；先后在中国教育国际化研讨会、联合国教科组织创新大会、中美千校携手颁牌会、京台教育校长峰会、基础教育国际化实验项目中承办校活动和结题会、北京市学术会议等进行经验分享。从而引领国内外研究推广，达到良好国际社会效益。

【案例分享3】

庆贺国际创新大会召开

2016年11月20~21日，"2016国际教育创新大会暨亚太地区教育创新文晖奖颁奖仪式"在北京海淀隆重举行。会议主题为"优质、全纳、创新——'一带一路'战略背景下的教育合作与发展"。七一小学在此次大会上做了以"国际理解理论与实践"为主题的论坛报告。海淀区教委主任陆云泉等专家和领导出席会议，其中与会领导并作重要讲话。在陆主任的报告中，特别展示七一小学《国际理解》校本教材。

在分论坛"国际理解教育的理论与实践"的主题中，七一小学张建芬校长就基于"学校文化"的背景下跨文化国际理解教育的思考与实践，做了以"培养海洋情怀国际视野的美丽少年"为题的报告，她结合我校实际从小学开展国际理解教育的必要性与可能性、开展国际理解教育的实践及成果及未来的规划与设想等五个方面同与会者进行了交流；从而赢得专家在大会总结发言中对我校基础教育国际化实验给予高度的赞许。

我们特别庆贺此次海淀区基础教育国际化实验区结题会的召开，更加欣喜我校在国际创新大会上所取得的丰硕成果并分享交流。这是我们七一小学自2012年启动作为"十二五"教育改革实验项目校以来，历经多年不懈努力的成果；七一小学在探索基础教育国际化之路上迈出了坚实的一步；作为国际理解教育研究与实践的先行者，愿我们能不断地将研究经验与国内外同行进行交流与分享。

【**案例分享** 4】

"基础教育国际交流与合作实验校"继往开来

2017年9月27日，中国教育学会"十三五"教育改革实验区启动暨海淀区"基础教育国际交流与合作能力提升"项目开题会在海淀区召开。海淀区自2012年成为中国教育学会"十二五"基础教育国际化实验区，七一小学作为实验校，开拓基于国际理解教育的基础教育国际化活动，取得了丰硕成果，并在海淀区领导项目负责人总结报告中进行展示，大会为获得中国教育学会"十二五"教育改革实验区优秀成果奖的学校和个人颁发了荣誉证书，七一小学也荣获了相关的奖项。接踵而来的"十三五"实验区项目是在"十二五"总体思路的基础上，将侧重体现对海淀区教育特色和优势的提炼、对国际教育共同体的参与共建，以及国际影响力的发挥等三大特色，提升海淀教育的国际化水平。

七一小学将继续作为实验校，积极参与提升交流和合作能力的实验活动，为"基础教育国际交流与合作"项目的进一步发展，延续原有国际化办学特色的实践基础，聚焦学生核心素养发展，增强学生对多元文化的认知和理解，为国家发展培养具有国际素养和国际领导力的优秀人才，全面提升国际交流与合作能力。

第四章 从"分科课程"走向"课程统整"

分科课程的主导价值是让学生获得条理清晰的学科知识和思维逻辑，而整合课程的主导价值则是促进学生认知的整体发展，形成对问题纵观全局地把握。目前，世界很多国家都在进行着课程改革，从相继推出的课程改革措施来看，所呈现出的共同趋势是追求课程的综合化，倡导课程回归儿童生活和经验。学生的学习是即时性和整体性的，整合的学习思路能让学生学习得更轻松快乐，也更有效。因此，课程整合研究是关注学生终身发展，着眼于学生整体发展的具体行动。正是基于这样的认识，七一小学开始了课程整合的探索。

一、主题式整合课的研究与探索

小学生在认知事物时是综合的，遇到实际问题也不会想到用哪个学科的内容去解决。长期以来，我们习惯于在一个个的科目中学习系统的知识。每个科目都是一个知识系统，并且不同科目的知识系统之间较少关联。从表面上看，这种做法对于高效率的获取学科知识具有优势，然而在遇到实际问题时，这些相互分离的知识很难发挥作用。"课程整合"是针对分科过细的这一缺陷提出来的，实现教学内容上的整合、学生能力发展上的综合。

另外是基于减负背景下 1+1 > 2 的思考。以往每个学科"单打独斗"，目标达成情况是 1+1=2 甚至 1+1 < 2（同样的知识内容在不同的时间段不同学科重复出现），学科间相互支撑的点几乎没有。如果把不同学科有效整合，发挥学科间相辅相成、互促互进的作用，力争做到 1+1 > 2。

曾经翻阅了不同学科教材，发现在同一知识点的涉及上，彼此缺少相互的支持与融合，比如一年级学习时间：数学课在学习完"时间的认识"后，美术课才出现做个小闹钟，到了三年级的科学课又出现了对时间的认识。这样的割裂认识会给学生带来不完整的学习认知过程，各学科横向、纵向之间需要找到合适的结合点，也就是"划分单元"，采取单元探究的课程模式，延长或加深学生探究的过程。2013 年开始，我们尝试在四年级和二年级开展"主题单元探究式"课程教学研究。

（一）"花"主题课程

首先是各学科教师在一起沟通有共同主题的授课内容，然后制定这个主题的教学目标，再由不同学科的老师分别上课，彼此间相互联系，互有衬托。

具体做法是：在四年级以"花"为主题开展主题式整合课，从"认识自然状态下的花"切入，为研究提供基础和资料。通过"单元导读"并提出问题的方式整体把握单元学习内容。本单元通过"赏花""画花"展示"花之美"（外在美）；通过"咏花""唱花"展现"花之魂"（内在美）；通过"赠花"展示"花文化"，表达感恩之情。具体课表为：

课时	学科	课题	主要内容
第一课（60分钟）	科学美术	花的基本结构（室外课）	通过观察、解剖、绘画等认识自然状态下花的构造
第二课	语文	《花》单元导读	整体把握《花》单元框架
第三课	语文	《种一片太阳花》	写花、赞花（花之魂，花之品质）
第四课	语文	《花之咏》	
第五课	音乐	《刺梨花》	吟花唱花，再度创作
第六课	语文	古诗颂"花"	诵读赏析有关"花"的古诗
第七课	品德	赠花	展示花文化、体会花之魂

对学生而言，学生使用学科中的学科知识和技能，及超学科技能分别对主题进行探究的学习。学生不是学习一堆互不关联的零碎知识和技能，而是

围绕一个特定的问题、任务或主题，学习多个相关学科领域的知识和技能，并利用他们解决问题、完成任务或理解主题。主题单元进行课程整合研究，使学生学习的不再是一堆互不关联的零碎知识、科目不相干的技能，而是将学习理解为最有意义、持续时间最长，参与思考水平最高的体验式课堂活动，并且它将导致学生"概念性知识"的获得，这样能更好地满足和促进学生个性化的学习，促进学习者的理解与运用。

对教师而言，一是提升老师们的研究能力；二是教师在一起做整体性工作，促进教师的职业满足感、建立积极的人际关系。我们的教师已经改变了教学方法，从教科书教学转变到主题计划教学。在主题计划中，不同学科领域之间的联系加强了，而教学内容对学生来说则更富有意义和更加相关了。

【案例分享】

《花》主题第六课时

执教者：高岩

教学内容：花的诗歌欣赏

教学目标：

1. 了解桃花、荷花、菊花和梅花的诗歌大意，并能根据意思有感情地朗读。

2. 引导学生了解作者通过花儿所要表达的情感和内涵。

3. 利用合作学习，进行仿写练习。

教学过程：

（一）出示教学目标

师：为了上好这节诗歌鉴赏课，高老师这些天翻阅了许多有关描写花的诗歌，发现有这样一个特点，在一年四季中，历代诗人对春天的桃花，夏天的荷花，秋天的菊花，冬天的梅花都特别偏爱，有许多有名的诗篇。今天我们就一起进行欣赏。这节课我们要了解桃花、荷花、菊花和梅花的诗歌大意，引导大家了解作者通过花儿所要表达的情感和内涵。有感情地朗读。并进行仿写练习。

（二）学习过程

（音乐起，春天万物复苏，桃花作为春天的标志就像这歌声一样美。）

出示图片和诗歌，两个靠近的同学读一读这些诗歌和注释，然后按照提示进行分类，按照意思表达的不同的进行有感情地朗读。

春天的桃花	诗歌	1. 竹外桃花三两枝，春江水暖鸭先知。——宋 苏轼《惠崇春江晚景二首》 竹林外两三枝桃花初放，鸭子在水中游戏，它们最先察觉了初春江水的回暖 2. 西塞山前白鹭飞，桃花流水鳜鱼肥。——唐 张志和《渔歌子·西塞山前白鹭飞》 西塞山前白鹭在自由地翱翔，江水中，肥美的鳜鱼欢快地游着，漂浮在水中的桃花是那样的鲜艳而饱满 3. 去年今日此门中，人面桃花相映红。——唐 崔护《题都城南庄》 去年冬天，就在这扇门里，姑娘脸庞，相映鲜艳桃花
	分类	桃花是春天的象征（只写序号）　　春天是美人的象征（只写序号）
	汇报	通过抓住关键词语，朗读或背诵。可采用个人读、两人合作读、小组内分句读等形式

春去夏来，又到了荷花开放的季节，你曾经积累过哪些描写荷花的诗歌呢？

今天我给大家带了一首描写莲花最为有名的文章，周敦颐的《爱莲说》。

"水陆草木之花，可爱者甚繁。晋陶渊明独爱菊，自李唐来，世人甚爱牡丹。予独爱莲之出淤泥而不染，濯清涟而不妖。"

水中和陆地上各种草树木的花，值得喜爱的很多。东晋的陶渊明唯独喜爱菊花。从李氏唐朝以来，世人很喜爱牡丹。我唯独喜爱莲花，（因为）它从淤泥里长出来却不沾染污秽，像在清水里洗涤过，但是并不显得妖媚，它的茎中空外直，不缠生藤蔓，不旁出冗枝，香气远播，越发清幽，笔挺而洁净的立在水中，人们只能在远处观赏，却不能随意地玩弄。

一人读原诗，一人读注释。周敦颐为什么觉得莲花是那样的可爱呢？

不但外表美丽，更体现了人们追求像莲花一般的人生境界，那就是"出淤泥而不染，濯清涟而不妖，中通外直，不蔓不枝，可远观而不可亵玩焉"。

小结：从古至今多少文人墨客都特别喜爱写花，有的诗人写花美，有的诗人借助花表达一些人生感慨，赞美花的品格，表达自己的志向。

下面咱们利用咱们喜欢的小组合作学习的形式，走进秋天和冬天欣赏菊花和梅花。

秋天的菊花	诗歌	1. 飒飒西风满院栽，蕊寒香冷蝶难来。——唐 黄巢《题菊花》 满院菊花在飒飒秋风中开放，菊花迎风霜开放，因此蝴蝶也就难得飞来翩翩起舞 2. 零落黄金蕊，虽枯不改香。——宋 梅尧臣《残菊》 即使菊花枯萎，花瓣已凋谢，也会散发出淡淡的幽香，与原来比毫不逊色 3. 宁可抱香枝头老，不随黄叶舞秋风。——宋 朱淑贞《菊花》 宁可在枝头老死，也不随着秋风像其他黄叶一样到处任意飘浮，要做到坚贞不屈	
	分类	菊花是秋天的象征（只写序号）	表现菊花的品格（只写序号）
	汇报	通过抓住关键词语，朗读或背诵。可采用个人读、两人合作读、小组内分句读等形式	

冬天的梅花	诗歌	1. 雪似梅花，梅花似雪，似和不似都奇绝。——吕本中《踏莎行》 2. 墙角数枝梅，凌寒独自开。遥知不是雪，为有暗香来。——王安石《咏梅》 3. 冰雪林中著此身，不同桃李混芳尘。忽然一夜清香发，散作乾坤万里春。——王冕《白梅》 白梅生长在冰天雪地的严冬，傲然开放，不与桃李凡花相混同。忽然一夜花开，芳香便传遍天下	
	分类	梅花是冬天的象征（只写序号）	表现梅花的品格（只写序号）
	汇报	通过抓住关键词语，朗读或背诵。可采用个人读、两人合作读、小组内分句读等形式	

（三）仿写

你喜欢哪种花呢？

（二）"我的海洋、我的家"主题课程

学校选择以"我的海洋我的家"为主题的美术、书法学科实践活动。以七一小学的文化内涵入手，将社会主义核心价值观为主题，从培养学生的学科核心素养，联系学生的生活实际，激发学生热爱祖国的思想情感，将课程主题化、活动化、整合化，积极发挥学科特色，开展跨学科主题学习活动。培养学生综合素养。

1. 活动流程设计

（1）《我的海洋我的家会标设计》：来源于我校海洋主题背景，校内所有文化设计都依托海洋元素，而此次校园艺术展更是彰显海洋文化内涵的重要阵地，从而结合本次活动设计教学内容。

（2）《美丽的浪花——水中动感》：依托海洋文化和学校体育游泳课程，结合六年级全国版美术教学内容关于"动态"与"动画"，设计本课内容。

（3）《乘风破浪潮头立　扬帆起航正当时——线描船》：我校多年来在校本课程的设置上着重海洋文化的培养，一个个小海娃在铺就的梦想之路上培养海洋情怀。对于船的认识，学生的知识储备非常丰富，活动通过对船的模型和图片的观察，引导学生学习观察生活的基本方法，以线描记忆画或实物模型写生的形式，对船进行绘画表现。利用绘画手段表现船的造型，塑造海洋盛景，传达学生内心对于海洋文化的热爱。

（4）《大海我的家——国画》：本课选题基于校本文化"温馨的港湾"部分。大海有我们温馨的港湾，更是海洋生物赖以生存的家园。学生对未知世界充满着好奇，有强烈的探索欲望。本课为学生搭建起自主探索的平台，利用文本故事为载体，跟随故事主角一起去探索去发现海底世界的小奥秘，感同身受海洋这个家园的温馨。

（5）《为祖国的海岛屿题名——书法》：七一小学具有浓郁的海军特色和悠久的历史文化，承载着浓厚的军队文化基因，蕴含着改革与创新的品质，以及不断追求卓越的精神。这节课主要是通过学习汉字书写技法的同时进行爱国主义教育。

（6）《"海"字瓦当创作——书法》：瓦当，这种古老的建筑元素古朴，体现着岁月痕迹的颜色，可尽情展现中国文化的美妙内涵。瓦当的制作体现了我国劳动人民的智慧，具有深厚的文化底蕴。瓦当的出现反映了我国古代建筑技术的独特风貌，不仅具有保护建筑更加牢固和美观的实用价值，同时更以其千姿百态的图案、丰富的文字信息，承载着绘画、书法等中华传统文化，具有独特的艺术魅力。本节课学生通过进行"海"字的瓦当创作，在继承传统瓦当的学习上又有创新，体现七一小学的海洋情怀与开放的视野也是继承与弘扬中华传统文化的一种学习体验。

2. 活动过程设计

环节一：艺术展揭幕

教师活动：主讲人全方位介绍学校校园文化主题艺术展

学生活动：参与活动班级集中观看

【设计意图】：以实践呈现此次活动内容，建立学习情境

环节二：各分会场介绍

教师活动：主讲人介绍各分会场教学内容

学生活动：领取学习任务单，进入分会场

【设计意图】：引导学生带着任务学习，目标明确

小主题一：《我的海洋我的家会标设计》

（设计/黄迪）

环节一：展示各种典型会标

教师活动：互动连连看，这些会标分别代表了相应的什么重大会议和盛会？（奥林匹克运动会五环会徽；中国红十字基金会会标；2015年加拿大女足世界杯会标；十三届亚洲艺术节。）

语文老师小微课：解说专业名词。

学生活动：学生聆听。

【设计意图】引入教学内容，明确会标定义。

环节二：学习会标设计

教师活动：我的海洋我的家会标设计。

语文老师小微课：解说海洋名词。

学生活动：学生聆听。

【设计意图】分析会标方向，提供设计元素。

环节三：学生讨论设计方案

教师活动：美术老师讲解如何设计，并如何使用学习单。

学生活动：每组分为讲解员、收集员、创作员、小管理长，每个同学以组为单位，并按照自己的角色思考问题，完成任务卡，小组讨论：

会标应该体现主题？

会标要考虑整体形状？

会标应该体现生机和活力？

【设计意图】学习新知，通过了解会标的设计方法，能集思广益，完成头脑风暴。

环节四：艺术实践与制作

教师活动：提出设计要求，巡回指导。

学生活动：以组为单位设计会标、完成学习单。

【设计意图】通过小组合作学习方式，群策群力设计会标，完成学习任务。

环节五：学生评价

教师活动：引导学生互评；教师重点点评；教师为学生代表佩戴名誉徽章。

学生活动：参与互动，认真评价。

教师活动：介绍巧用废旧材料制作会标。

品德老师小微课：文明参观博物馆。

【设计意图】班级内部前评价，为即将到来的集体展示做准备。

小主题二：《美丽的浪花——水中动感》

（设计 / 惠卉）

环节一：导入

教师活动：在上学期我们观看了很多不同种类的动画片，剪纸动画、黏土动画、木偶动画、瓷偶动画、3D动画，等等，谁来说说比较有代表性的传统逐帧绘制的二维平面动画和现在的3D动画的区别和你的看法。

学生活动：根据之前学习的内容做相应的回答。

教师活动：逐帧绘制的二维动画相较3D动画，更简单，易操作，成本低。我们同学也可以制作，比如定格动画或者翻页动画。除了这些比较原始的制作方式，我们还可以选择使用现代化的电子手段来更方便快捷地制作出我们想要的动画来。不过首先我们先来看看二维动画的制作原理。基础的二维动画利用的是人类的视觉暂留现象，使得一张张静态的画面动起来。

【设计意图】引导学生回顾上节课内容引出新课。

环节二：新授

教师活动：同学们是否有看过灯光后，闭上眼睛，可眼中还是有灯光的影子，需要过一阵子才能消失？

学生活动：回答问题，可以看灯之后再回答。

教师活动：这就是视觉暂留现象，在有光线的条件下，我们所看到的物体不会立刻从眼前消失，它们的图像会在我们的视觉系统中作短暂的停留，我们在对物体移开视线后还残留在我们眼中的影像成为"后像"，而这种现象则被称为"视觉暂留"现象。视觉暂留现象究竟有什么用呢？没错，它就是我们能看到动画片的前提。同学们拿起桌子上的笼中鸟，仔细观察视觉暂留现象并完成任务单上的题目。

学生活动：组长操作，组员观看，并填写学习任务单。

学生活动：汇报学习心得。（1. 是否看到了视觉暂留。2. 怎样才能出现这种现象，快速转动才可以，缓慢转动则没有出现。）

教师活动：两张图片在快速转动的过程中就可以使眼睛同时看到它们，

并在我们的视网膜上形成一张新的图片。

【设计意图】利用生活中的现象引起学生的共鸣进而让学生通过自主探究的方式了解视觉暂留现象呈现所需的条件及其时长，为下一步环节做铺垫。

教师活动：不过我们要制作动画作品，光了解动画的制作原理还不够，我们还要熟悉运动规律和轨迹，运动规律是很复杂的，不同的物种以及相同物种的不同运动，它们的规律都是不一样的，下面就请体育老师来帮大家揭秘一下游泳的运动的规律并完成任务单上的题目（题目需教师解读）。

教师活动：体育老师示范游泳动作。

学生活动：观看微课视频并完成任务单上的题目。

【设计意图】通过直观的视频让学生简单了解运动的重复性和连贯性。有些动作是无限重复的，有些动作则有开始有终结。跳水属于非重复运动。游泳则属于重复运动。

教师活动：如何将这些动作画到纸上，如何画则是我们下面需要学习的内容了。首先向大家介绍原画、中间画的概念。

原画是指动画创作中一个场景动作之起始与终点的画面。那么老师示范的游泳动作中哪两个动作可以作为原画呢？

学生活动：对教师微课进行截屏。

教师活动：我们来看看大家截的是不是一样的呢？（出示两张原画截屏。）光有两张原画是不行的，我们还需要两个动作原画中间的画面，而连接两个原画动作中间的画就被成为中间画。说简单点，中间画就是原画之间的变化过程。

环节三：动手尝试

教师活动：了解了原画和中间画的关系，我们来试试画一下波浪或者浪花的原画和中间画，并把你们组觉得最好的作品贴在学习单上。

学生活动：完成中间画、原画的绘制。相互评价作品的效果，创意等。

【设计意图】通过简单动态的手绘让学生进一步理解动画原画间的变化

过程。原画是动画的关键，而分解动作是绘制原画中间画的基本、是动画制作最核心的部分。

环节四：艺术实践

教师活动：同学们画得都很棒，不过纸面手绘的动画作品要动起来还很麻烦，想不想马上看看自己画出来的动画呢？只要使用简单的动画制作软件就可以了，给大家介绍一款很方便的动画制作软件：Animation Desk 这个软件可以直接将生成的作品发布到网上。（教师简单讲一下 Animation Desk 软件的界面和制作方法并示范。学生随后进行操作。制作主题是：浪花一朵朵。）

学生活动：制作并完成实践作业并相互交流心得和作品。

【设计意图】连续之前手绘的浪花主题，让孩子通过手绘和电子绘画了解传统纸质和现代电子绘画绘制同样的逐帧动画的不同感受。可以让孩子们更直观地感受到两者的不同。

环节五：评价

教师活动：大屏幕展示小组内推荐出来的优秀作品。

学生活动：每个组说出推荐理由，再请一个组的同学进行评价。

【设计意图】着重学生的自评和互评，组内自评互评交织。组外着重互评。让学生能够从多角度去审视一个动画作品。

环节六：拓展

教师活动：向学生介绍其他的动画制作方法。

学生活动：……

【设计意图】拓宽孩子视野，不管是原始手绘的形式还是现代电子设备，我们创作作品首先是表达自己的情感与思想，适合自己想法的表达方式有很多，我们可以去尝试、去创新，这才是美术学习的意义所在。

小主题三:《乘风破浪潮头立　扬帆起航正当时——线描船》

（设计／孙浩洋）

环节一：绘本故事《郑和下西洋》

教师活动：为什么东南诸国的人民看到明朝郑和的船队会惊讶？郑和出使西南诸国所乘坐的船体现出明朝强大的国力，同学们对于我国的船都有什么认识？今天让我们进入港湾，看一看各个时代的船舶。

【教学意图】绘本引入活动内容，明确主题。

环节二：参观展览活动探究

学生活动：学生自主探究，了解船的造型特点以及功能、材质和历史发展等。到教室里参观船的主题展览。

分小组同学在展览中完成一张"参观任务单"。

学生依据任务单汇报

介绍自己观察到的船的名称、形状、特点和用途。

教师活动：如果用绘画形式表现，你想用什么工具？

【教学意图】通过参观展览探究新知，了解船舶的历史发展。

名称	朝代	材质	功能	造型特点	吃水深度	最大航程

学生活动：不同小组分别汇报一种船舶的参观任务单内容。提出问题：船的造型和它本身的功能有什么联系呢？什么样子的船能在不断变化的海洋环境中安全的行驶呢？

教师活动：科学微课：船舶造型的发展和历史变迁。

【教学意图】从科学角度分析船舶的造型特点及变化，内化造型意识。

学生活动：试一试

教师活动：通过以上的展览活动，我们了解了船只的相关知识，那么如果用绘画的形式来表现，你想用什么方式呢？我给三分钟时间大家试一试。

师生一起动手：出示多艘轮船的照片，限时三分钟，要求学生画完照片中所有物体的大形状。收集学生作品，分析何种方法最适合船的表现。

学生活动：请学生分析自己的作品：复杂的细节和规整的外形，适合用线描形式表现。从局部入手的学生是完不成的，构图饱满、物体大小位置合理，用简单的点和线来定物体的大致位置，既简单又能很好地谋划布局。

【教学意图】自主探究画法，练习构图方法。

学生活动：学习用线描的方法表现船只，了解前后遮挡关系变化和线的使用方法。发给每名同学一张船的线描外形，每个人分别在里面添加你认为合理的细节。

教师活动：播放船舶实物图片，对比学生的小作品，请同学讲述自己的绘画过程。

教师活动：出示更多作品及分析。

【教学意图】练习局部，学习控制线描的黑白灰关系和细节塑造。

学生活动：自主尝试拼摆图片，体验平面构图的空间关系。方法提示：学生小组合作。将各种角度的船造型卡片进行拼摆，合理安排，形成一幅画面。注意前后遮挡关系，近大远小关系。

【教学意图】体验在平面上如何安排一组物体，使物象具有一定的错落有序的空间关系。

教师活动：构图选取物象。

环节三：艺术实践

辅导重点：构图合理、造型正确、线条疏密有变化。

环节四：课堂总结

小主题四：《大海我的家——国画》

（设计／张硕）

环节一：明确目标，跨学科寻帮手

教师活动：发给学生两篇记叙类故事（1、3、5组第一篇《小马夫鱼脱险记》，2、4、6组第二篇《珊瑚礁里的医生》）。

语文老师：从情节、人物、环境三个方面讲述两篇故事的相同和不同之处。以及在画面取舍上的关注点。（小视频）

学生活动：按组阅读故事。根据语文老师的提示，填写学习单。挑选出更具表现力的情节，并给小组每一个同学分配一个情节，为用画面表现做准备。请一个小组分享自己组里选择的情节。

内容	人物	情节	环境
《小马夫鱼脱险记》			
《珊瑚礁里的医生》			

教师活动：直入主题，使学生明确学习目标：用国画的方法画故事。

【设计意图】在语文老师的帮助下，分析故事，填写学习单，保留更有表现力的画面。

环节二：小组代表浅尝试

教师活动：每组选择一位同学，尝试画一只你们组故事里的主角。（小马夫鱼或虾）

学生活动：小组代表进行尝试，其他同学在旁边安静的观看并且思考，他用了哪些用笔、用墨的知识？画出的效果好不好，好在哪里？又遇到了什么问题？可以怎么解决？

教师活动：选择两个小组进行展示（画鱼和虾各一条或一只）。请作者自己说一说，用到什么好方法，以及遇到的问题。请其他同学说说解决的好方法。

学生活动：分享中锋画线、侧锋画面。区分浓淡干湿墨色。色破墨、浓破淡等方法。提出问题，水分掌握不好。有时水分少，颜色太干太浓，有时水分又多，色和墨混在一起等。

教师活动：现场示范鱼、虾画法和背景的添画。

【设计意图】通过每组一位同学的尝试，发现用国画画鱼和虾的好方法，和存在的问题。分享方法，并且通过同学纠正、补充和教师的示范补充解决遇到的问题。

环节三：分情节巧绘画

学生活动：拿出教师提供的真实图片，参考教室墙上张贴的示范作品，每人完成自己分到的故事情节。

教师活动：在学生绘画实践时，实施个别指导。

【设计意图】根据学习单中的情节，教师提供的真实图片和示范作品，小组合作完成绘画实践。

环节四：集中展示说创意

教师活动：请学生在小组内互评。

展示画相同故事中相同环节的三幅作品，请作者从用笔、用墨、用色、构图和动物形象的选择，以及有没有添加的创意几个方面进行自评。

学生活动：请其他同学进行他评。带领学生把作品展示到主会场的珊瑚丛中。进行自评、他评。并最终展示自己的作品到主会场。

小主题五：《为祖国的海岛屿题名——书法》
（设计 / 任新成）

环节一：导入课程

教师活动：品社老师微课《祖国的南海》。祖国的南海中有着很多岛礁，自古以来就属于我国，但是由于种种原因，目前有些岛屿存在着争议，甚至引发了很尖锐的国际争端。这节课我们用书法课特有的方式，在地图上题写岛屿名称，向世界表明这是我国的领土，中国一点儿也不能少！

【设计意图】明确本课学习目标，了解海洋岛屿知识。

环节二：讲授新课

学生活动：请同学们拿出每组的任务袋。（学习单、地图局部、相关文字的字帖、背胶米格纸。）

学习单：

项目	沙	滩	礁
字形			
结构			
主笔			

（字帖。例字："滩、沙、礁"、南海海域图局部放大图、米字格练习纸、背胶米格纸。）

【设计意图】分析例字，了解石字旁、三点水的形态结构，尝试书写，思考问题，完成学习单。

小组反馈：提出存在的问题，共同解决。

教师小结：讲解三点水、石字旁的写法并演示书写例字。（也可以播放视频，同步讲解。）

【设计意图】通过教师的演示讲解，明确字旁书写。

环节三：课堂实践

教师提出要求：1.笔画规范、结构合理、作业整洁；2.把写好的岛名贴在小组的地图局部上。

学生活动：学生书写练习各自的岛屿名称，教师巡视，指导学生正确的姿势。

【设计意图】通过书写实践，掌握本课例字字旁书写技法，以及此类汉字结构的结体规律。

环节四：课堂小结

学生活动：小组完成岛屿名称的粘贴，分组展示地图局部上的岛屿名称，小组自评，同学互评，教师点评。

全体同学到主会场，把各组的地图拼在全国地形图，形成完整的地图。

环节五：活动总结

小主题六:《"海"字瓦当创作——篆刻》

(设计 / 张京峪)

环节一:导入课程

教师活动:前一个阶段我们学习了瓦当的临摹制作,今天我们继续学习,并将创作的作品布置在郑和宝船上,它将载着同学们的这些作品扬帆远航,再次出发南海,向世界弘扬我们中国的传统文化艺术,我们每一位同学即是中华文明的传承者和传播者,你们自豪吗?

学生活动:刚才我们看了展板上的这些作品,留下了哪些深刻的印象,请同学们拿出学习单,回顾后填写。

【环节意图】回顾瓦当相关知识,辨识小篆文字,熟食小篆特点。

环节二:讲授新课

教师活动:南海自古就是我国的海疆,是我们的家园,今天尝试用"海"字设计一个独字瓦当。回顾我们上节课学习的小篆"海"字,让我们一起欣赏不同书法家的小篆"海"字。

学生活动:欣赏不同书家的小篆"海"字,在学习单上思考设计一个圆形 / 半圆形独字瓦当。

方法 1:铅笔单勾。

方法 2:毛笔试写。

【环节意图】发散思维,符合小篆特点,按照瓦当的形状依形而变进行设计。

环节三:课堂实践

教师活动:展评学生设计及指导修改并帮助修改演示。字形随行而变,线条沿瓦当边缘适当延长伸展获取缩短,并且体现小篆特点:线条粗细一致,匀整流畅,用笔圆起圆收。注意:达到一丝不苟,形神兼备。

学生活动:石膏板上设计,用木刻刀进行阳刻,或者阴刻刻制。

方法 1:先单钩订位置,再双钩,找字形。

方法 2:用毛笔在石膏板上直接书写。

【环节意图】教师示范、适时点播辅导，帮助学生更好地完成作品。

环节四：作业展评

教师活动：引导学生展示作品、评议

学生活动：学生将作品贴在展板上展评作品。全体同学到主会场，将刻制和拓印的作品粘贴在展板上，形成完整的画面。

【环节意图】学生互相点评、取长补短，激发学习兴趣，提高欣赏审美水平。

环节五：活动总结

3. 评价设计

整个主题活动过程的主要评价方式为个人评价、小组评价和老师评价。

项目	优秀	良好	合格
认真参观，有秩序			
融合学习，有思考			
集体研究，有想法			
大胆发言，有创意			
大胆评价，有证据			
虚心听取，有反思			
合作创造，有收获			

4. 教学效果分析

（1）扩大课程资源，给学生更广阔的学习空间

此项活动中，所包含的课程资源丰富，从多个方面展示了"海洋"这一主题下，给学生提供的课程资源涵盖了海洋文化的多方面，帮助学生形成对海洋的新认识。同时，更加明确了学校海洋文化的内涵，激发了更加深入研究海洋文化的兴趣，给今后的学习打下基础。

（2）紧密结合学校文化，强化学校办学特色

学校海洋文化特色凸显，学生、教师、家长等等都深受海洋文化的影响。学校被评为"海淀区校园文化示范校"。学校处处展现着海洋的魅力，学校甬路尽头的白色帆船及甬路两侧的帆船造型都展示着学校在浩瀚的海洋中乘风破浪，扬帆远航。教学楼内的图书角也是帆船造型，以蓝色和白色为

主，正是海洋的主色调，白色的浪花，蓝色的海洋。孩子们身着的校服也是由这样的颜色自合在一起，同时配以海军服的样式，让我们感受到孩子们就如同在海上翱翔的小海鸥，在海上欢乐地飞翔。

学校丰富的课程成为学生成长的甲板，特别是"三海"课程，彰显学校海洋文化的魅力。就在这样文化的浸润下，学校学生对海洋有着浓厚的兴趣，对愿意探究浩瀚海洋中的博大内涵。

此次学科实践活动就是在这样的理念下，帮助学生进一步了解海洋文化，通过学科渗透的方式，开展丰富的实践活动，利用学科特点，基于学科核心素养的提升，提升学生学习能力。

此次活动主题鲜明，紧紧围绕着"海洋爱国"这样的主题，大主题的为"我的海洋我的家"，以海洋博物馆的形式呈现，让孩子们不走出学校大门就欣赏到与海洋相关的不同风格的作品和内容。其他六个小主题与大主题紧紧相连，国画、书法、篆刻、设计、线描等等都围绕着这一主题让孩子们以活动的方式开展研究活动，最终将自己的研究成果继续展示在博物馆内，提升学科综合素养。让整个活动浑然一体，尽显海洋特色。

二、综合实践活动的研究与探索

2015 年 9 月 1 日《海淀区实施〈北京市义务教育课程设置实验方案〉的课程计划（修订）》中强调"发挥课程整体育人价值"。要"充分发挥课程的整体育人价值，体现培养目标、课程标准、教材、教学与评价的整体性、一致性和协调性，关注学生生命的价值和意义。统筹各学段、各学科、各育人环节、各方参与人员和资源环境，以实现全科育人、全程育人、全员育人和实践育人。在科学论证的基础上，进一步扩大学校课程建设自主权"。

在此基础上，我们成立了七一小学综合学科组，以综合实践学科为基础融合了信息、思品等学科老师，着力开发"项目学习"引领下的综合课程，学生通过概念学习、综合实践、创造内化等过程，参与项目学习中。带给孩子们全面、综合、探究式的体验。

　　课程以学生的直接经验为出发点，密切联系学生自身生活和社会生活，开发体现对知识的综合运用的实践性课程。强调以学生的直接经验为中心，以活动为主要形式，强调学生亲身参与并经历各项活动。

　　我们将"春天"作为校园综合实践活动的大主题，以"种植"活动为载体，体验活动为活动方式，成长、内化为育人目标，开展长周期大主题的活动。

　　融合种植实践、有科学、美术、语文、传统文化……

　　让孩子们通过体验一种与自然有关的生活，感悟与自然的相处，与社会的交往，有一个幸福快乐真实的童年。小小种植箱管理、废旧物品种植体验、科学实验的动手操作、传统文化的传承等活动，帮助学生记录生命成长的点点滴滴，发现大自然的美。从对自然的认识，每个种子的精心护理，每个花朵的细心雕刻，到研究性科学日记的记录，到内心真实感受的流露表达……每一个活动，都是学生的一段难忘经历，是成长中的快乐探索，是与人、与社会的交流沟通。

（一）课程目标

　　中心思想：学生通过劳动体验的过程、玩耍游戏的经历、艺术创造的体验，内心感受的真实表达。促进提高学生动手能力，提升科学知识、科学精神、科学意识的同时，提升思维素养、信息素养、文学素养。在各项活动中培养学生的合作能力，提高他们的团队意识、合作意识、分享交流意识，提升学生的人文素养、身心素养。

　　核心词汇：体验、感知、交流、内化、收获。

　　探究方向：种植实践艺术与造型语言实践。

　　目标定位：以"春天"种植为载体，发展学生动手操作、科学观察记录、艺术创意、语言表达等纬度的能力。

（二）实施途径

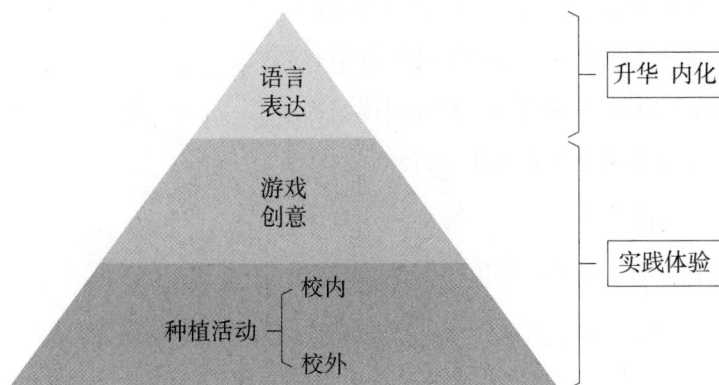

（三）课程内容

课程设置	课程名称	学科	时间
1. 春天里的种植	第一节：童心慧眼盼成长	综合实践	120分钟
	第二节：基地连线答问题	综合实践	
	第三节：实践读写乐分享	语文	
2. 春天里的游戏	第一节：留住春天	英语科学	100分钟
	第二节：玩转风车	综合实践	
3. 春天里的创意	第一节：智造花盆	美术	100分钟
	第二节：辨识植物	科学	
4. 春天里的真情	第一节：节气与种植	语文	100分钟
	第二节：欣赏与珍爱	英语	
	第三节：收获与分享	语文	

（四）课程实施

版块一　春天里的故事

（课程实施者：闻琪　包鹏远　吴楠）

实施目标：本板块通过校外基地种植现场答疑、校内种植箱种植技术探索、观察日记记录分析、写作材料收集、微信发表感想，培养学生动手实践、科学分析、合作分享、乐于展现等良好品质。

环节设置：

一、童心慧眼盼成长——真种植真探索

　　综合实践课，校内种植技术分享

二、基地连线答问题——你来问现场答

　　综合实践课校外基地种植答疑

三、实践读写乐分享——写真话吐真情

　　语文课分享交流种植体验

版块二　春天里的游戏

（课程实施者：谢海红　朱伶俐　吕春玲　张舰）

实施目标：本板块以语言实践、动手操作为主，学生用各种方式记录春天的脚步，用植物的叶子制作颜色，制作各种形状的风车，在游戏的过程中感受春天的生命力、中华传统文化的美。在表达、制作的过程中激发创作和表达的欲望。

环节设置：

一、留住春天——说春天染颜色

　　英语课、科学课展现留住春天的作品，制作叶子染料。

二、玩转风车——作风车玩风车

　　综合实践课认识、制作、玩风车。

版块三　春天里的创意

（课程实施者：李然　梁晨）

实施目标：本板块以设计与制作为主，学生利用废旧物品了解艺术形式的美感与设计功能相统一的特点，了解植物的生长特性，利用设计的花盆合理种植，激发创作热情，培养审美意识、科学精神。

环节设置：

一、智造花盆——巧设计精加工

美术课了解、制作废旧物品改造的花盆。

二、辨识植物——辨植物学移栽

科学课了解、种植不同室内植物。

板块四　春天里的真情

（课程实施者：孙宇　史晓宁　宋菊）

实施目标：本板块主要是语言实践课，学生通过查询资料以分享的形式了解"节气与农耕"，利用英语设计警示牌、给自己的植物做广告，促进文化内涵的提升、传递情感，提升学生在体验活动中获得的快乐及价值。

环节设置：

一、节气与种植——明节气赏文学

语文课汇报节气与农耕。

二、欣赏与真爱——说英语做标牌

英语课制作、放置警示牌。

三、收获与分享——抓特点写广告

语文课利用广告的形式推荐自己的种植物。

（五）实施效果

1. 促进学生核心素养提升与全面发展

第一，通过各种实践体验操作活动，学生观察能力、动手能力有了明显提高。学生对身边一些熟悉的植物及其种植知识有了更多的了解。学生能够将一些基本的种植技能应用于日常生活，能够更加科学全面的了解大自然，用科学的思维看问题、想问题等。

第二，通过校内、校外种植、废旧物品设计、室内盆栽学生个性特长得到了发展。促进了学生的种植爱好、特长的发展，在全体学生科学素养普遍得到提高的情况下，许多学生的个性与种植特长也得到了发展。

第三，通过活动中的交流合作促进了学生的身心发展，在植物种植教育中，许多的问题学生得到了锻炼，学生们在这个过程中锻炼了动手能力，培养了团队意识和分享沟通能力，培养了学生对生命的关爱，责任感，通过对人生的深刻思考，有利于学生走向成熟的同时，树立积极向上的人生观、价值观。学生在内化升华的过程中得到了更多的种植体验、人生感悟（详见附录学生作品），这是课本内容所不能达到的。

2. 实现教师综合素养的提升

在课程的开发及实施过程中，教师的学科素养和课程整合能力得到快速提升。老师们按照研究目标边学习，边实践，边探索，边反思，边总结，通过研究，教师的科学意识和素质教育观念明显增强。有关教师能够有效指导学生较好的完成植物种植教学任务。通过研究，教师的自身学科教学水平和能力有了很大的提高。在学科教学中，坚持以学生发展为本，着眼于促进学生在实践探索中求知，着力于使学生掌握科学的种植方法和搜集资料、自我学习的方法，着手于使学生学习知识的同时，掌握种植技能、学习方法、各种能力。与此同时，教师科学教育的基本功也大幅度提高。总之，种植教育促进了学校教师队伍的综合素养提升，一支高素质的教师队伍在成长之中。

3. 以"种植"点带动"春天"面的课程系列开展

"种植"项目在挖掘和发展的过程中，在"春天"课程体系中能够起到较好的辐射带动作用。在《种植》课程的成功范例基础上，学校开发了《剪纸》《风车制作》《春天的游戏》《自制颜料绘画》等与春天有关的系列课程，使实践活动的课程更加全面贴近、并丰富学生的生活，使学校"春天"主题系列课程主题更加丰满，内容更加充实，使得学校实践课程特色更加丰富多样、色彩斑斓。

4. 实现学校与社会合作开展课程实施运作机制的构建

在课程的开发与实施过程中，学校有效挖掘和充分利用海军种植基地的场地资源和技术资源，并且在此过程中成功构建学校与社会合作开展课程实施的运作机制的构建。这一创新的举措，为更多的学校与社会合作开课的实践探索奠定基础。

新时代，人们越来越清晰地认识到，生命是作为一个整体存在的。现代人应该具备综合的科学文化素质，面对学生的也应该是一个整体的知识世界，因此，我们要努力寻找一条能从静态的、封闭的课程转向一种动态的、开放性的课程整合的途径，让学生进行多视角、多渠道、多维度的学习，从而使学生自我建构整体的知识网络，提升综合能力与素养。

第五章 从"关注课程"走向"关注学生"

现代教育关注"人"的发展，并把这作为课程建设的原点。学生的特性决定着我们课程的特性：学生是不断发展的完整的人。因此，课程就应该是培养学生的自主意识、个性成长、多元发展的完整课程。作为不同教育阶段中的幼儿园和小学，小学与中学是一脉相承的三个教学阶段，小学教学的基础来源于幼儿园，中学的教学又源于小学教学，但同时又是对前一阶段的深入和扩展，这三个教学阶段既相辅相成又各自独立。因此，加强中、小、幼教学的有效衔接，是促进课程改革的需要，是促进学生健康成长的需要。如何使学生平稳的完成这两次过渡，是我们开展课程建设的出发点和归宿。基于此七一小学开展了"小幼衔接课程"和"中小衔接课程"的建设与开发。

一、小幼衔接课程

七一小学的定位是"美丽教育"和"海洋文化"，旨在让每位幼师在"各美其美"的基础上"美美与共"，成为一个开放包容、相互欣赏、团结协作的人。作为七一小学的附属实验幼儿园，将以七一小学丰厚的艺术课程建设经验与成果为发展平台，在"乐美教育"引领下提升课程建设水平。

（一）课程整体设计

1. 幼儿园的育人目标

在"乐美教育"思想的统领下，以"乐中施教、美中育人"的办园宗旨为指导，园所致力于培养身体心理健康、形体形态优美、行为习惯良好、兴趣爱好广泛、学习积极主动、快乐全面发展的乐美儿童，使其拥有活泼、开朗、乐观的性格，自信阳光的心态，懂得感受关爱、知恩感恩的道德情怀和积极上进、独立自主、敢于创造的精神。

2. 园本课程目标

在《3~6岁儿童学习与发展指南》精神的指引下，结合乐美教育的办园理念及育人目标，我园将课程总目标定位为"关注身心健康，鼓励大胆探索，注重礼仪养成，凸显艺术创造能力，引领幼儿具备健康、艺术、探索、礼仪之美，实现全面发展。"其中，"四美"具体指的是健康之美——身心愉悦、健康发展；艺术之美——感受发现、表达创造；探索之美——热爱自然，大胆探索；礼仪之美——礼仪养成、传承美德。

3. 课程愿景

课程是幼儿园实现育人目标的核心载体，我们希望通过构建多层次的园本课程，创设丰富的一日生活，凸显园本特色文化，为园所这艘生命方舟提供源源不断的动力，带领幼儿、教师共同成长与发展，实现美丽人生。

4. 课程指导思想

我园课程建设团队在综合分析幼儿园课程建设方面的现状，结合园所实际发展情况，立足得天独厚的教育资源的基础上，提出"自主、多元、融合、创新"的课程建设思路，以健康安全教育、音乐主题教育、礼仪文化教育、海洋主题教育为切入点，在不同主题活动的探索中实现课程内容的整合、课程形式的多样，创造丰富多彩的幼儿园一日生活，满足幼儿个体差异的需求，促进幼儿自主全面的发展。

（二）立足幼儿全面发展的课程整体结构

为了更好地实现课程目标，园所将基础课程与特色课程进行有机融合，对园本整体课程进行了规划。我园课程结构主要分为两种类型：共同课程和选择课程。共同课程的内容主要以《幼儿园快乐与发展课程》为基础，要求教师结合本班幼儿具体发展情况与需求，创造性地开展相应的课程活动。选择课程是以安全、音乐、海洋、礼仪为切入点，以主题活动为形式，以教育教学活动（健康、语言、社会、科学、艺术）、区域活动、户外活动等为环节，实现整体架构。在课程构建中，不同领域的课程凸显着不同领域的发展目标，在不断提升幼儿身心素质、艺术素养的基础上，最终促进幼儿的全面发展。

园本课程体系

课程类型	课程维度	课程结构	课程资源	核心目标
共同课程	幼儿园快乐与发展课程	生活活动 区域活动 集体活动 家园共育 综合主题	《幼儿园快乐与发展课程》	健康 语言 社会 科学 艺术
选择课程	安全教育	人身安全 行为安全 社会安全	幼儿安全园本课程	身心健康
	音乐教育	音乐欣赏 音乐演绎 音乐语言 音乐探秘 音乐艺术 音乐延伸	音乐主题活动资源	艺术素养
	海洋教育	海洋乐章 海洋探秘 海洋创意 海洋阅读 海洋旅程 海洋游戏	七一小学海洋文化资源	探索创造
	礼仪教育	行为礼仪 生活礼仪 社会礼仪	幼儿礼仪教育课程及资源包	礼仪素养

（三）园本特色课程介绍

1. 安全教育课程

（1）课程概念

幼儿园安全教育课程是以幼儿年龄特点和学习方式为基础，从幼儿自身及周围环境出发，采用故事、儿歌、艺术活动等多种课程形式，激发幼儿的学习兴趣，加深其对安全知识的理解，形成安全意识，提高防范和处理危险情况的能力。

（2）课程目标

健康之美——以安全教育活动为实施途径，实现安全知识的全覆盖，帮助幼儿掌握安全自救的方法和技能，有效提升幼儿自我保护的意识和能力，为幼儿身心健康发展提供保障。

（3）课程结构

课程领域	课程结构	具体内容	实施环节	核心发展领域
安全教育	人身安全	自身安全	教育教学 一日生活渗透	健康
		生活安全		
	行为安全	游戏安全		
		饮食安全		
		家庭生活安全		
	社会安全	社会安全		
		自然灾害		
		消防安全		

2. 音乐教育课程

（1）课程概念

幼儿园音乐教育课程是指，围绕幼儿的兴趣与发展需求，以音乐为切入点，挖掘其综合教育价值，以项目式学习为实施方式，师幼共同建构主题活动，以凸显幼儿音乐素养并最终实现五大领域全面发展的课程体系。

（2）课程目标

艺术之美——让幼儿感受音乐、体验音乐的过程中发展音乐素养，在主题项目活动中探索与构建经验，敢于表达与创造，实现全面的发展。

（3）课程结构

课程领域	课程结构	具体内容	实施环节	核心发展领域
音乐教育	音乐欣赏	音乐欣赏、音乐游戏、亲子音乐会	教育教学区域活动	艺术、健康
	音乐演绎	舞蹈、歌表演或音乐剧、音乐律动	教育教学区域活动	艺术、社会、语言
	音乐语言	音乐诗词、音乐故事	教育教学区域活动	语言
	音乐探秘	声音探索、音乐科学	教育教学区域活动	科学
	音乐艺术	泥塑、剪纸、绘画	教育教学区域活动	艺术

3. 海洋教育课程

（1）课程概念

幼儿园海洋教育课程是依托多元的海洋文化资源，挖掘海洋教育价值，以主题活动的形式，带领幼儿感受海洋文化的深厚，在自由包容的教育环境中形成勇敢探索与创造的能力。

（2）课程目标

探索之美——创设多元自由的探索环境，激发幼儿对海洋和大自然的浓厚兴趣，引导幼儿产生探索、创造的主动性，形成对海洋文化的热爱。

（3）课程结构

课程领域	课程结构	具体内容	实施环节	核心发展领域
海洋教育	海洋乐章	海洋音乐、舞蹈活动	教育教学 区域活动	艺术
	海洋探秘	海洋科学教育 海洋环保教育	教育教学 社会实践	科学、社会
	海洋创意	海洋手工创意	教育教学 区域活动	艺术
	海洋阅读	海洋绘本阅读	教育教学 区域活动	语言
	海洋旅程	海洋主题参观活动（海洋旅行、参观海洋馆）	社会实践	社会
	海洋游戏	海洋情境游戏	户外活动 教育教学	健康
	海洋氛围	海洋环境创设	班级环境 园所环境	艺术

4. 礼仪教育课程

（1）课程概念

幼儿园礼仪教育课程立足于礼仪品格教育，以幼儿自身及生活环境出发，以体验渗透的方式，引导幼儿习得日常礼仪，养成良好的行为规范，为以后顺利融入社会生活奠定基础。

（2）课程目标

礼仪之美——在一日生活中启蒙、渗透、规范与养成礼仪素养，引导幼儿知礼、懂礼、守礼，传承优良传统美德，成为拥有健全人格、全面发展的幼儿。

（3）课程结构

课程领域	课程结构	具体内容	实施环节	核心发展领域
礼仪教育	行为礼仪	个人行为礼仪	环境创设 日常生活 区域活动 游戏活动 教学活动	社会
	生活礼仪	家庭礼仪		
		餐桌礼仪		
		做客和待客礼仪		
	社会礼仪	交往礼仪		
		公共场所礼仪		

（四）课程实施思路

1. 课程结构的开放性

幼儿园园本课程是开放的，是基于幼儿的实际发展需求在不断地调整和完善中发展为充实的课程内容。园本课程体系将采用弹性课程，从幼儿的兴趣和需要出发，开展主题活动研究。教师作为研究者和幼儿成长的支持者，要具备一定的敏感性，将课程主题与幼儿的生活相结合，及时将环境和生活中有价值的内容融入课程中，与幼儿共同建构课程。

2. 课程内容的渗透性

幼儿园课程具有两大特点：一是凸显经验性，强调幼儿更适宜于通过运用多种感官，以直接体验和自主操作为主的活动性的学习方式；二是强调各种活动的总和即幼儿园课程指向幼儿园的一日活动。对幼儿而言，学习的逻辑是生活的逻辑，而不是系统知识的逻辑。社会是整体的，学习也是整体的，发展也是整体的，人为地割裂知识、经验，无助于幼儿的学习与发展。课程内容之间的整合，是幼儿经验的自然整合，是多种活动经验自然地整合在共同的目标价值中，以更好地达成课程目标。因此，在课程实施过程中，课程体系分支之间要相互作用与渗透，发挥课程主题的整体效应。如音乐教育既是一个相对独立的活动领域，又融合了多种教育元素。我园在课程实施中，以丰富的音乐资源为基础，可以寓礼仪、安全、海洋于音乐教育，充分发挥音乐的综合教育功能。音乐教育活动将以轻松活泼的方式，让幼儿在唱唱跳跳中感受艺术的美，潜移默化地接受礼仪、安全或海洋教育。打破课程不同领域之间的界限，实现整个课程的融合发展，将是园本课程未来发展的方向。

3. 课程资源的整合性

教育家杜威曾指出"儿童的社会生活是他的一切训练或生长的集中或相互联系的基础。社会生活给予他一切能力和一切成就的不自觉的统一性和背景。学校科目相互联系的真正中心，不是科学，不是文学，不是历史，不是地理，而是儿童本身的社会生活。"这里，杜威所说的"儿童的社会生活""儿童本身的社会生活"一方面不同于纯粹的成人生活，另一方面的确是与社区生活紧密相关的，是深入社区生活的。幼儿园、家庭、社区都有丰富的教育资源，在园本课程中将充分加以利用，并进行有机地整合，使它们真正协调、一致地对幼儿成长产生积极、有效地影响。

二、小初衔接课程

七一小学对于毕业年级与时俱进的设计毕业课程，带领老师与学生一起走好小学的最后一程。

六年前，不谙世事的幼童；而今，已是青春蓬勃的少年。六年的光阴，弹指一挥间，就要毕业了，就要离开美丽的校园，离开朝夕相处的同学，离开谆谆教导的老师。作为学生，能够给母校留下什么？作为老师，我们能够让学生带走什么？从七一走出去的学子，有什么不同的特质？基于上述思考，我们将其作为课程设计的背景。

根据学生成长的需要设计课程目标：

1. 通过毕业课程，让学生树立正确的人生目标；

2. 通过系列活动，让学生感受母校情、师生情、同学情，让学生学会感恩，学会关爱，树立好榜样；

3. 通过毕业课程，落实六品文化。让学生顺利完成小升初的过渡，迎接新的未来。

同时，以课堂、活动为载体，融合七一文化，落实感恩教育，引导学生树立人生的目标，我们开展了毕业典礼、鲜花课程、走进五十七中、玉渊潭中学实践课程、大小导师联动授课活动、《中学那些事》德育课程等。

例如：

（一）中学那些事儿

《中学那些事》为六年级的孩子们打开一扇德育课程的窗户。

1. 走进五十七中

2016 年 3 月 10 日，七一小学六年级学生迎来了他们盼望已久的五十七中学长走进我们的教室进行《中学那些事》专题讲座。这是我校"三海"德育课程的一部分，《中学那些事》的主讲者则是我校特别邀请的从七一小学毕业，进入五十七中学的孩子们重返母校，并把他们切身体验的中学生活讲给即将毕业的学弟、学妹们，它不仅给才刚毕业的"小校友"们提供了服务母校、锻炼成长的机会，更使六年级的学生提前了解了中学生活，为走进中学做好充分的准备。

我们先期在各班进行了调查，把孩子们迫切想知道的关于中学的问题加以搜集和整理，使得本次讲座能真正成为小学生了解中学的一扇窗口，为将来走进中学提前注入能量。"小校友"们的讲座从学习、生活、活动和成长四个方面详细展示了中学生活的日常状态：学习科目更全面；课外活动更丰富；社会责任更重大；探索体验更深入。翔实的内容，直观的图片，生动的讲解，轻松的氛围让孩子们听得津津有味、兴趣盎然，对中学生活的向往和憧憬也溢于言表。尤其是涉及丰富多彩的课外社团活动和社会实践活动时，孩子们更是兴奋不已，纷纷提出各种问题，互动氛围掀起一个又一个高潮，在不知不觉中原定四十分钟的讲座持续了一个半小时，孩子们依依不舍，纷纷和学长合影，感谢他们的精彩分享和辛勤付出。

当被问及这次活动的感受时，很多孩子认识到中学将是一个更加丰富多彩的学习阶段，从现在开始就要勤奋学习，扩大知识视野，培养良好的学习习惯，学会管理时间，为中学生活打好基础。《中学那些事》是大中小拉手的学习课程，它在学生跨阶段的成长过程中架起了一座沟通交流的桥梁，相信它一定能引领孩子们以积极的心态，饱满的热情迎接新的学习生活，为孩子们的美丽人生奠基。

2. 走进玉渊潭中学

2016 年 4 月 5 日，七一小学为进一步促进区域内中小衔接，让六年级学生提前熟悉中学的学习环境，初步体验即将开始的中学生活，做好步入中学学习、生活的心理准备，从而以健康沉稳的心态去迎接即将开始的中学生活，老师们带领全体六年级的同学们走进了北京市玉渊潭中学。

同学们先是进入玉渊潭中学礼堂，观看了玉渊潭中学的宣传片。然后，主管教学的李校长从学校的地理位置、师资队伍、招生政策、课程资源以及具有学校特色的校本课程和社团活动向同学们做了详细的介绍，使同学们了解了丰富多彩的初中校园生活，并且对小升初相关问题与困惑进行了有针对性地解答。随后，玉渊潭中学的领导、老师亲自带队，分组带领同学们交错参观、体验了学校的书法教室、机器人教室、斯坦福苹果机房、物理试验室、校史馆、3D 教室、航模教室、健美操教室、合气道教室和烘焙课程等。每间功能教室内都可以看到玉渊潭中学学生在那里学习、训练的情景，教室内的老师向同学们介绍了教室的功能及在此开展的各类丰富的中学校园活动，在场的中学生也热情地指导同学们如何操作。同学们欣赏了玉渊潭中学学生的各种艺术作品，观看了老师示范的有趣 3D 制作，带上围裙手套亲手制作了酥饼，握起飞行摇杆体验了模拟飞行带来的翱翔蓝天的感觉。

快乐的时间总是短暂，半天的体验之旅在不知不觉中走向尾声，同学们在参观中大开眼界，在实践中感悟成长，带着满满的欢乐和收获踏上了归程；学校今后仍会继续开展小升初衔接的各种活动，帮助同学们了解初中生活；它有利于帮助六年级毕业生们提前树立人生规划意识，使学生们明确自己未来的发展方向，更加自然地融入初中的学习生活。愿我们的孩子，在这样的关心与爱护下茁壮成长，都能成为一名优秀的中学生。

（二）六年级"鲜花课程"

小学高段的孩子们逐渐进入了青春期前期阶段，他们活泼开朗、自我独立，就如鲜花一样时刻散发着与众不同的芳香，渴望得到他人的认可与欣赏。为了能为孩子们的成长搭桥铺路，更好地呵护他们的身体和心灵，海淀区七一小学为学校六年级的学生开设了"鲜花课程"。

2017 年 4 月 13 日下午，我校请到黄城根小学的著名心理老师来为孩子们做"青春期知识讲座"，男女生分堂上课，他们在各自的课堂上了解了现在自己的身体和心理上的微妙变化。女孩儿们懂得了，之所以男孩儿和女孩儿的脾气秉性不同，是因为大脑中制造血清素的速度不同，在学习生活中要多理解男孩"做错了事又不长记性"的特点；作为女生要学做自己的"护花使者"，学会照顾、保护好成长中的自己。男孩儿们则意识到，自己身体和心理的变化标志着自己长大了，言行举止要更绅士，更有担当和责任感；虽然自己敏感于别人的评价，独立意识在增强，但是与人交往也要控制好情绪，做一名让人欣赏的男生。

我校六年级的孩子们虽然第一次接触此类的教育课，但是他们的态度平和、表达自然，课堂氛围活泼而大方、严肃而温馨，让讲课老师无不脱口称赞。希望孩子们得到更多的呵护与关怀，能够像鲜花一样绚丽多姿地成长。

（三）综合实践毕业课程设计

主题 1：承载梦想准备腾飞

课程目标：

1. 在合作学习过程中，让学生畅谈梦想，定位当前奋斗目标，引领他们在小学阶段最后一个学期开始之际，为自己有目标地度过"毕业季"做好思想准备；

2. 引领学生利用"博客"制作的过程，将自己的新学期想法写入博客，使学生意识到实现目标要从现在做起。

3. 在展示交流中，启发学生在小学最后的一学期里，树立理想，努力学习，快乐成长。

4. 通过博客截图展览，引领学生励志，教育学生为自己、为母校留下最美好的东西。

设计教学活动总学时：6 课时

课程名称	教学内容	教学形式	课时安排
大家畅谈毕业季	交流讨论自己的六年级学习生活构想	班级授课	1 课时
制作博客晒梦想	学会使用博客记录自己的生活	班级授课	3 课时
展示梦想齐励志	利用所学，截图博客，总结收获	班级授课	2 课时

课程 1——大家畅谈毕业季

建议课时：1 课时

活动 1：不得不关注的话题

以"毕业"为话题，让学生讨论自己对"毕业季"的认识，促使其体会到"七彩童年"的短暂，开始珍惜小学生活的最后阶段，并准备付诸行动。

> 别总说毕业遥遥无期，可是转眼就要各奔东西。又到了毕业季，很快就要和同学、老师、母校说"再见"！小学生的童年时代是单纯的；是永远值得我们怀念的最美好的时光。它可能是你在七一小学的一次回眸一笑、可能是一阵怦然心动、可能是一件不起眼儿的小事，也可能是一个和你擦肩而过的朋友……

活动 2：看图探究

1. 这一幅幅画面，你熟悉吗？有没有做过？它能令你想到些什么？

2. 谈谈你对"毕业季"的思考。

（1）因"快到了"而珍惜。

（2）因"分别"而惋惜。

（3）如何面对？

活动 3：畅谈毕业季

> 温馨提示：孩子们，转眼间你们已经从"孩提"步入"少年"，走向"青年"，小学——2000 多天的喜怒哀乐转瞬即逝，今天大家说出了自己"临行"前的设想，老师真为你们高兴，更希望你们能用行动让"美梦成真"！

课程 2——创建博客晒梦想

建议课时：2~3 课时

活动 1：申请博客

打开博客申请网页→在"博客登录"区域"立即注册"→输入用户名→填写安全设置→输入右图中的文字→下一步→为博客命名→激活博客→激活成功。

> 说句心里话：
>
> 在这里，你要学会在个人博客中发布日志，并阅读新发布的日志及修改个人博客模板；为的是培养我们的观察能力、审美能力、阅读能力、逻辑思维能力、与人交往的能力和良好的日记习惯。

活动 2：发表日志

写日志→添加标题→撰写正文→撰写完成→发表日志。

活动 3：设置博客风格

单击"换风格"→单击喜欢的风格→确定→关闭→设置完成。

活动 4：彼此欣赏一下

别小看了这小小的"博客"，它却让你把自己的"梦想"浓缩，如何把自己的"毕业季"过得精彩而有意义呢？我们期待着。

课程3——展示梦想齐励志

建议课时：1~2课时

活动1：截取精华成作品

1. 从自己的博客中选出最精彩的内容；

2. 研究如何把博客中的"精华"通过"截图"手段合为一体；

3. 自己制作精彩画面。

> 请你通过小组合作、启发探究、网上交流等方式，在开拓学生视野的同时，充分利用所学信息技术完成自己的汇报作品；它有助于提高你的合作学习和表达能力；并助你美梦成真……

活动2：汇报过后做展览

虽然是小小的博客，但却让我体会到生命的感动，因为老师又看到了你们敞开的心扉，鼓动着真爱的勇气，充满着对美好的追求，也许在实现美梦的路上可能会遇到挫折与坎坷，但老师坚信"风雨过后一定会呈现出靓丽的彩虹"……

主题2：告别母校留下希望

课程目标：

1. 通过合作学习，让学生在告别母校之前开始思考"希望"的内涵。

2. 回忆自己和集体的成长经历，懂得成长不仅需要个人努力，也离不开学校的关怀、老师的教导和同学的帮助。

3. 确定适合自己的形式，以多种方式表达对老师和同学、对母校依依不舍的感情，并立下美好的志向。

4. 学会写个人简历、临别赠言、简单的倡议书、建议书和演讲稿（选做）。

能在教师的帮助下，与同学一起组织策划联欢活动（选做）。

设计教学活动总学时：6课时

课程名称	教学内容	教学形式	课时安排
毕业之前说希望	探究母校特点，思考希望内涵	班级授课	2课时
回眸成长话感恩	描绘成长足迹，选择感恩形式	班级授课	2课时
依依惜别见真情	利用综合实践，展现少年风采	年级综合授课	4~6课时

课程 1——毕业之前说希望

建议课时：2 课时

活动 1：说说你眼中的母校

回想六年前，你们还是一群天真可爱的幼儿，如今已成长为身心健壮的少年，在六年的学习生涯中，你留下多少甜蜜的回忆，又留下多少遗憾呢？让我们利用这次综合性学习，一起回首看看我们六年的成长足迹吧！

走进七一小学，它地处海淀、丰台、西城三区交汇处，紧邻"京门"重要入口——西客站，应该说是海淀小学教育、海淀教育的一块"名片"位置之所在，有其得天独厚的地理位置；而其校园主体又在海军司令部大院内（大院南侧），应该说具有国内"军中海霸"的高级外脑资源，连其校名都是原海军司令刘华清亲自题写的，是其他学校所无缘享有的；如果能充分挖掘其内涵，再加之其自身近 60 年的校史，可谓"淀积深厚"。所以我以"海纳百川，淀积千里"做题表达个人见解。

活动 2：讲讲你心中的希望

1. 你认为什么是"希望"？

2. 你想给母校留下什么样的希望？

3. 你要以什么形式把希望留给母校？

活动 3：试着填填这张表格

难忘七一　留下希望			
类别	内容	难忘理由	我的希望
难忘的老师			
难忘的同学			
难忘的一节课			

续表

难忘七一　留下希望			
类别	内容	难忘理由	我的希望
难忘的一次活动			
难忘的运动会			
难忘的文艺演出			
难忘的……			

课程 2——回眸成长话感恩

建议课时：2 课时

活动 1：依据表格论表达

上节课咱们大家都填写了这张表格，今天我们就把自己心中的"希望"展开，看看以什么样的形式把自己的"希望的种子"根植在母校这块育人的沃土上……

活动 2：合作学习话感恩——小组商议拟定出活动计划

活动 3：寻找班级成长的足迹、制作班级纪念册（选作）

1. 讨论：

（1）为什么要制作班级纪念册？

（2）制作班级纪念册可以有哪些形式？

书式班级纪念册，PPT 班级纪念册、网叶式的多媒体班级纪念册、到本校的校友录上注册……

（3）班级纪念册的内容可以有哪些呢？

师恩难忘、同学深情、集体荣誉、运动赛场、艺术天地、美好祝愿、真我天地……

2. 制订活动计划并分工：

封面设计小组。

主题设计小组。

内容搜寻小组：搜集照片、奖状、实物等。

课程 3——依依惜别见真情

建议课时：4~6 课时

活动 1：学写毕业赠言

谈话引入：

同学们：大家很快就要毕业了，即将走进不同的中学去学习了。"天下没有不散的筵席"，在这即将离别的时刻，你想对老师、同学们说点什么呢？

温馨提示：

赠言的方法：选好赠送对象，思考他有什么特点；

赠言的特点：短小精悍，情真意切，符合老师和同学的特点。

活动 2：交流拓展赛优秀

谁写的赠言最有个性？

谁写的赠言最风趣？

谁写的赠言最幽默？

谁写的赠言最有文采？

……

活动 3：策划一台毕业联欢会（机动）

1. 商定联欢会的形式和内容。

2. 确定各个部分的负责人，分工合作。

毕业联欢会分工情况

联欢会时间	……
联欢会地点	……
总策划	……
主持人	……
后勤支持	……
摄影	……
节目 1 负责人	……
节目 2 负责人	……
……	……

3. 将此次活动的资料补充到班级纪念册里

　　通过实践，七一小学已经形成了具有自己独特风格的课程文化体系和课堂教学文化，落实主体地位的课程与课堂已充满活力与动感，体现了对生命的理解与尊重，对智慧的激发与启迪，对能力的培养与提升。随着中国学生核心素养研究的不断深入，我们将更加清醒地关注到"人"的发展，为了美丽的人生，我们将继续学校"美"的教育。

后　记

课程"甲板"有多宽　孩子人生就有多美

七一小学的办学理念体系以"美丽教育"为统领，以"幸福"与"和谐"文化内涵为切入点，确立了实现"美丽教育"的核心价值观，提出"为学生的美丽人生奠基、为教工的美丽人生添彩"的办学理念。

每当走在校园里，我看着眼前老师和孩子们的身影，望着蓝天白云下，每一张灿烂的笑脸，我脑海中不断出现的词语，那就是"美丽"。我的眼前总是不断出现老师和孩子们的精彩镜头，我爱每一位老师，爱每一个孩子，我们的学校文化理念中倾注了对教育的理解与初心。

学校教育就是为了每一个孩子都能拥有美丽的人生。课程是学校实现育人目标的核心载体，通过课程的适切性，可以丰富学生的体验，让学生学会学习，学会发现自己，从而成就自己。我们希望课程像"甲板"一样能够承载孩子们的童年梦想，通过丰富的课程内容，灵活多样的课程实施，让孩子们在甲板上汲取营养，拥有健康和自信，为奔向自己的"美丽人生"奠定基础。

2012 年 3 月，七一小学有幸成为海淀区"课程整合，自主排课"的十四所实验校之一，学校迎来课程改革的新契机，我们从课程内容、课程形式、课程目标三个维度进行课程改革，提出"以丰富应对差异，创空间促自主发展"的课程建设思路，创造丰富多彩的校园生活，满足学生差异的需求，促进学生自主发展。

2012 年 9 月正式实施课程方案。从课程形式上有了必修课程、选修课

程、活动课程；从时间设置上有 60 分钟和 30 分钟的长短课时；从组织规模
上看，以行政班级 40 人为主，从 20 人小课到 200 人的大课做补充；从课程
内容上看，有教材内容的执行，有教材内容的拓展，也有多学科的融合和项
目学习的设计。

我们构建了以培养学生独立、主动、自信、自省、合作、质疑、创新 7
个核心素养为目标的课程体系，规划为语言文字、科技探索、身心健康、公
益责任、艺术情趣、海军海洋、国际视野七个领域。

基于学生自主发展的课程实施思路，我们构建了"大空间课程模式"，
从教学目标、教学活动、教学方式、教学评价四个方面，系统综合地为学生
发展提供足够"大"的自主发展空间。

要是把学校比作航行在文明海洋中的船只，那课程就是船上的甲板。这
所船上的领航员们，即七一小学的全体大人们，都说这甲板要尽可能宽广，
托起孩子们的童年梦想，让他们快乐地往自己的"美丽人生"奔去！

面向未来，我们团结一心，与时俱进，力争把七一小学打造成一个拥有
共同价值理念、共同行为方式和共同外在形象的美丽校园，让七一小学成为
拥有民族魂、胸怀世界观、心系教育情、追逐中国梦的美丽学校，让"美丽
教育"促进学生的健康成长，促进教师的和谐发展，促进学校的品牌腾飞！

七一小学书记、校长 张建芬

2018 年 11 月 26 日